河南经济发展研究
（2013～2014）

郭 军◎著

经济管理出版社
ECONOMY & MANAGEMENT PUBLISHING HOUSE

图书在版编目（CIP）数据

河南经济发展研究（2013~2014）/郭军著. —北京：经济管理出版社，2015.2
ISBN 978-7-5096-3572-8

Ⅰ.①河…　Ⅱ.①郭…　Ⅲ.①区域经济发展—研究—河南省—2013~2014
Ⅳ.①F127.61

中国版本图书馆 CIP 数据核字（2015）第 310700 号

组稿编辑：申桂萍
责任编辑：申桂萍　高　娅
责任印制：黄章平
责任校对：车立佳

出版发行：经济管理出版社
　　　　　（北京市海淀区北蜂窝 8 号中雅大厦 A 座 11 层　100038）
网　　　址：www.E-mp.com.cn
电　　　话：(010) 51915602
印　　　刷：三河市延风印装厂
经　　　销：新华书店
开　　　本：720mm×1000mm/16
印　　　张：15
字　　　数：195 千字
版　　　次：2015 年 3 月第 1 版　　2015 年 3 月第 1 次印刷
书　　　号：ISBN 978-7-5096-3572-8
定　　　价：49.00 元

自　序

　　人就是这样，行不行，成不成，依然在执着地追求，尽管可能是无所事事，无果而终。临近退休的年龄，却并没有感觉到有丝毫的惰性或是懒散，以至于一些同事们很不理解我为什么还像往常那样到办公室劳作。我告诉他们，一是我现在的办公环境很好、很安静，特别适宜我的性格与需求；二是我这个人很笨，不会下棋、不会钓鱼、不会玩儿牌，没有什么爱好。我还向大家述说过我多少年前的一件"趣闻"。有一次，机关几位同事节日值班即将结束的时候，想玩儿双升，硬是三缺一，人数凑不齐，便提出要我来（他们都知道除了外出参加一些社会活动，我一般都在办公室里），就把我拉了去。打到第三圈刚起好牌，和我同组的一位正师职转业的军人领导把牌往桌上一放，说了句"你们玩儿吧，我出去转转"，瞬间走开，弄得大家都很尴尬，不知所措。对家说了一句话，"听说你不会打，但没想到你咋就这么不会打"，我也是觉得挺让大家扫兴的，所以到现在我都仍然习惯于待在办公室。

　　没了行政职务，这一年来，我过得紧张、充实、有益，算下来，写作了30余篇文稿（还带着研究生做了几个小项目）。我的内心价值观念是：发表了，高兴乐呵；不能发表，自我欣赏，重要的是我在做着我自己想做的事情。还是那样，我的选题、研讨与写作，都是立基于地方经济社会现实，都是应用性的。为了便于交流，我将绝大多数文稿通过我所在的河南省普通高校人文社科重点研究基地——河南财经政法大学河南经济研究中心编辑的《学者之见》呈报省市党政领导和相关部门、学界同仁参阅，2014 年上半年，还被评为河南"全省党委系统决策信息专家团先进工作者"，也算是劳有所得吧。现在，我把它集结出版，以期继续求教于大家，切磋交流。

转瞬间，已是六十进一的人了，回首往事，可谓感慨万千。我们这一代人是幸运的，前 30 年接受了毛泽东的社会主义运动理想教育，后 30 年经历了邓小平的社会主义改革开放洗礼，今天，我们又进入了习近平的坚定社会主义"三个自信"、实现中国梦的伟大征程。我们既是共和国 65 年变迁的见证者，更是共和国 65 年发展的参与者。作为社会科学理论工作者，作为从事经济学教学与研究的高校教师，我们总是希望把所学到的理论，转化和应用到实践中去，把探索研究的成果转化为现实的生产力，为中国社会主义经济不断跨越，为未来社会主义能够创造出远远高于资本主义的劳动生产率做出自己的一份贡献。从我当年进入大学，学习经济理论，细读《资本论》、《论十大关系》、《鞍钢宪法》，研讨大庆经济、全面质量经济、企业经济、班组经济，到成为大学教师讲授经济学理论，发表论著，与同仁交流，可以说中心和重心一直都是火热的社会主义经济理论的现实应用性，即从事着应用经济理论教学与研究。我既不赞成用纯粹理论指导实践，也不支持完全应用西方的一套来"变革"中国（我并不反对和否定对西方典范的借鉴与汲取）。我的教学和研究包括已经公开发表的近 200 篇（部）论文著作，贯穿的思想也好，针对的对象也好，表达的内容也好，应该说都能够充分体现出这一点。我总是坚持这样一个看法，无论在什么地方（也包括在京城），再大的学者，如果不能从中国的国情（区情）实际和特点出发，不能够拉近经济社会一线开展应用性研究，所提内容思想不接地气，都是没有生命力的，其理论也必然是苍白的。而地方高校学者的研究，更应该切入地方经济社会主战场找题眼，助力地方高层决策的谋略及其运作。

这次发表的 29 篇文稿是我近年来与地方有关领导和部门的接触，

与学界同行交流的有针对性的、应用性的研究成果。其中宏观经济运行方面的，主要是速度、结构、体制、机制等。我主张还是要保有一定的速度，但这种速度不是畸形的，而是要实现速度、结构、比例、效益衔接统一的、合理的速度，只有合理的速度，才能达成稳增长。我认为，光讲结构调整不行，还必须要注重经济比例的协调。近十几年的时间里，经济出现的过热过快，经济的通胀与经济的通缩，经济运行拐点超出理论的、实践规定性预期的非正常状态，本质上都是生产资料的生产和生活资料的生产两大部类之间的比例失调造成的，不仅如此，农轻重之间、积累与消费之间、价值与使用价值之间的比例也都严重失衡，从而导致了国民经济运行的紊乱。计划也好，规划也好，无论是市场预测，还是项目部署，内核都是相应比例的适度科学与否，不能回避经济运行的合比例发展问题。

关于市场决定和政府作用的关系，我认为市场化大势不可逆转，一定要树立市场对资源配置的决定性作用意识，按市场法则办事，但政府的作用也必须使其发挥好，尤其是在社会主义初级阶段，在市场经济规则还没有建立健全的条件下，完全由市场来调节是不负责任的。亦如发展经济学的鼻祖们所强调的，发展中国家和地区，政府必须承担起推进工业化的责任。现代经济与社会的交融性，促使我还研究了社会信用的主体行为与经济发展的关系。

我是地地道道的河南出生、河南成长、河南工作的河南人，我深爱着我的河南。我是河南人，我骄傲，华夏几千年的文明史，就是从这里书写成就，黄河千万里奏响的母亲的歌，就是在这里纵情放喉。得中原者得天下，今天的河南已非只是中原粮仓，建设先进制造业，高成长性服务业，现代农业三个大省的战略谋划，特别是国家粮食生产核心区、中原经济区、郑州航空港经济综合实验区，三大国家战略规划集中发力，日益改变着河南经济社会的世人形象，放大着河南经济社会的潜力能量，不仅使中原崛起有了实在的内容和标志，也令中央的领袖们动容，以至于习近平兴奋地提出"要让中原更加出彩"，党的总书记都在为河南加油、鼓劲。

历届河南省的高层决策者们呕心沥血，带领亿万人民发奋图强，务实进取，无不感动着学者专家参与融入，我的许多研究成果正是在这一大背景下形成的，没有来自实践的感性感悟，没有来自同行的交流碰撞，没有来自各级组织和领导的指点引领，也就不可能有现在的这些研究成果，所以我的研究总是面对着河南，我要把我的一切都献给河南这片天地。个人的力量是有限的，但个人力量的发挥是无限的，我愿意做一些力所能及的工作，为着我可爱的河南。

这几年受世界经济疲软影响，从国家到各个省市的发展都呈现出一定的被动性，而河南则基本上保持了稳增长的良好势头，尤其是近年来通过对河南省情特点的再梳理，把准了河南经济的命门，使河南经济发展围绕河南的区位和交通优势，实施新的产业经济定位，着实是令人称道的。如河南省委、省政府把郑州航空港经济综合实验区建设列为1号工程，全力打造国际交通大枢纽、大平台、大物流、大产业，构筑内陆开放带动新高地；省会郑州以郑州航空港经济综合实验区统揽、推进全域性都市区发展；郑欧班列开行，新丝绸之路经济带的跟进；三门峡黄河金三角省际交界晋陕豫三省四市区域合作发展等。尽管河南依然处在"爬坡过坎"阶段，但日益显现出来的、强劲的发展气势、态势、大势，使省内外的人们都无不发出啧啧称赞，因为他们感受到了"河南振兴，中原崛起，富民强省"的宏伟目标正在一步一步地走近。

本书中收录了我近年来关于河南经济发展的一些思考与研讨，主要是从"富强河南"、"三个大省建设"、"新型城镇化"等视角层面，相对系统地、实在地进行了研讨，提出富强河南一定要立足河南农业大省、人口大省省情特点，以及国有企业发展、民私企业发展、丝绸之路经济带等方面的一些个人认知。就"富强河南"这个动力目标，我从富强河南的基础与可能、富强河南的理论维度、富强河南的实践与研判等进行了理论阐释，提出了富强河南的"牛鼻子"是要建构具有地域特色的现代产业体系。并认为，富强河南，既要保持一定的经济总量及其增速，也要谋求一定经济总量规模下的国民收入水平和消费水平的不断提高，即经济增长必须以不断提升国民收入水平和消费水平为转移，牢固树立经济增长中人们对未来工资和价格的预期观念——随着国民收入的提高，人们期望增加工资，并使价格维持在一定的水平，从而保证大多数人们收入和消费水平的不断提高。只有这样，才有可能不断刺激消费，扩大需求，实现生产、流通、分配、消费的良性循环，才有可能不断提升人们生活的富足程度，才有可能真正走向富强，实现富强。

关于三个大省建设，实际上是实现富民强省目标的战略谋划，或者说是河南经济运行的技术线路。我认为，"建设先进制造业大省、高成长服务业大省、现代农业大省"是河南省按照产业结构演变规律办事的生动体现，所不同的是它超越了传统的第一产业、第二产业、第三产业发展的一般认识，直接切入现代产业主导与主体，突出地强调了第二产业的先进制造业和围绕先进制造业出现的第三产业的高成长性生产服务业发展大势，既总结了产业结构演变的新内容特点，也明晰了产业结构优化升级的新内容重点，而这一带有积极的创新意义的发展产业路数，不仅有着产业结构演变的经典研究理论与发达国家和地区的实践经验支撑，而且还使得河南经济社会发展，特别是推进经济结构优化升级，加快转变经济发展方式，全面提升经济竞争力有了基本的路径遵循。

新型城镇化是经济发展的重要引擎，但与任何事物运动的规定性一样，也是有前提、有条件的。联系河南实际，我着重强调了一是城镇化是一个自然的发展过程的思想认识，二是提出了农民为什么非要进了城市才能当市民和正确看待新型农村社区建设的问题，三是研究了城镇化发展的体制机制问题。我不主张废旧城，造新城，"刮风"和"大跃进"，我认为一切缺乏产业支撑的所谓城镇化都是不靠谱的，城镇化是一个自然的过程，特别是河南作为一个农业大省，工业化程度低，与其他省市相比，存在着很多制约因素（这个思想在 2013 年 12 月上旬的谢伏瞻省长召开的座谈会上我也曾认真地做过表白）。我不赞成农民都进城的导向，我认为以人为本的城镇化并非就是农民进城，就是农民户籍转为市民户籍。当农民没有感觉到自己有把握在城市很好地生活下去的时候，他是不会轻易地更改他的户籍的。而我们如果采用"填鸭式"的办法把农民赶进城，非要让他做市民，其结果可能是，农民因为生活无保障，而转过身去找政府吃救济、吃低保，从而导致国家在背了几十年国企的"包袱"还没有甩掉的今天，将会重新背上一个新的农民进城的"包袱"，而这个"包袱"应该比国企那个"包袱"还要沉重、还要难受。我不希望全盘否定新型农村社区。对于城镇化进程中出现的新型农村社区建设，应该说是河南的一个创造，尽管在实践中出现了不顾主客观现实的极端做法，但它至少是一条具有我国特色的实现城镇化发展的路径选择，是一种大力推进新型城镇化建设和大力推进新农村建设、绘就美丽乡村、乡村都市化的契合与尝试，是国内外实践证明城镇化必须走大中小微型城镇化发展的一个节点和层面（我一直认为，在中国，在河南，农业、农民、农村将会永远保持着一定的规模，并将持续地存在下去，城镇化发展应该改变和推进的是农业生产经营方式、农民社会生活方式、农村新文化运动的都市化方式）。我不倾向于盲目地就城镇化说城镇化，而是要在改善城镇化发展的体制机制基础上，科学推进城镇化。我提出了四个着力，即在制度体制和政府治理能力两个维度完善提升上着力，在调处决策权限的划分和各主体利益的分配关系上着力，在具体实现形式和相应实现机制上着力，在发展轨道和发展动力上着力。

著名经济学家杨承训先生提出的"国有企业是社会主义市场经济

的第一主体"的理念，我是第一个读者，也是第一个支持者。我始终认为，只要是共产党的领导，只要是社会主义制度和道路，国有企业在过去、现在、将来，都是基本的经济支撑力量，而无论是原有的单一公有制，还是现在的多元混合所有制。所以，任何时候，国家也好，地方也好，都应该注重依靠和发展国有企业，增强国有企业活力，提高国有企业竞争力。在2014年8月19日由河南省委常委、宣传部长赵素萍主持的就省委拟提出的未来河南发展的战略谋划征询意见座谈研讨会上，我发表了"把发挥国有企业对全省经济的带动性作用突出出来"的建议。我还认为这些年一直流传的"国进民退"、"国退民进"是个伪命题，是在玩弄文字游戏。改革开放36年了，从中共高层到一般老百姓，实际上已经认同了国有企业、民营企业都是社会主义经济的内容组成，而一些人总是要利用国有企业尚存的对计划经济体制依赖的惯性和民营企业对市场经济的理解的某种偏颇性（如对市场经济运行规律，市场供求、价格、竞争、资本机制认识的局限性；对市场运动过程中产业资本、金融资本、技术资本、人力资本的开发利用的本位性；企业与企业之间交往的游戏规则遵守的悖反性等）大做文章，把国企和民企生生撕裂，说三道四。说到底，就是这些人总想应用西方经济学理论来指导和改造中国，可是他们又往往没有同时告诫人们，西方经济学理论是建构在理论假设的前提上的，包括西方发达国家在内的资本主义社会里，也从来就没有绝对自由的、完全的市场经济，也从来就没有人这么絮絮叨叨地纠缠着国企与民企的大小、进退问题（我承认民企发展中确有许多观念存在不公正对待的问题，拉近这些问题，政府要反思，那么，民企自身是否也应该好好地反思呢）。我的研究还分析了山西民企曝出的问题并强调了政府的责任，呼吁政府要敢担当，要支持和扶助民企规避经营风险，走持续发展之路。

也许是长期在院校里生活，我比较保守，对于社会上乱造、生造某些概念总是不能接受，尽管他们的出发点，包括立意都是值得称道的。比如一提起航空港经济区，就出现了低空经济、临空经济、空域经济等新字眼、新名词。其实航空港经济有两层内容要义：一是指以一定地域为载体的航空运输经济，是交通运输经济的一个分支，反映的是旅客或货物在空间和时间上的位移及其形成的经济活动；二是指由航空经济活动的地理空间形成的对所在港区的影响带动性，是区域经济的一种运动形式。说白了，航空港经济区，也就是依托航空港的便利条件，挖掘、开发、利用港区资源，扩展和外延港区地理空间，放大港区经济的潜质和能量，创造和生成新的经济地理空间优势。为此我从理论上廓清了有关航空港经济的一些基本概念，并随着认识的不断深化，强调了郑州航空港经济综合实验区建设的三重意义：一是郑州航空港经济综合实验区对中原经济区建设重要的支撑性意义；二是郑州航空港经济综合实验区自身建设所形成的河南对外开放新高地的重大意义；三是郑州航空港经济综合实验区对整个河南经济的影响带动意义。我在各地讲学交流中不断地阐述着这些思想。因为在我看来，国家三大战略的实施，尤其是郑州航空港经济综合实验区的建设，对河南来说，绝对是一次机会，机不可失、失不再来，我们一定要抓住它。坦率地说，直至今天，多数市县和部门、企业对郑州航空港经济综合实验区与自己的关系依然是模糊的，甚至那些正在建设中的商务中心区、特色商业区的领导们跑到天南地北，想商、引商、招商，出出进进航空港，却都没有注意到商机就在脚下，都没有想着怎么在航空港寻找到一定的产业经济链接，真心希望这一状况能够迅速转变。

结合到一些地方，如信阳市、鹤壁市、三门峡市等的调研，我还发表了一些感想，谈了自己的认知，对于一些自己认为是典型的经典性个案还进行了理论的评述。关于丝绸之路经济带，我没有和别人一道呼吁中央把河南纳入，而是强调了纳入与否虽然很重要，但关键是跟进和融入，做些实事儿。

自古英模出中原，其实当代英模也并不少。我一直想应用经济学理论对今天的英模典型进行研究解析，以放大其经济导向和示范效应。显然，这些当代英模大多并非人们意识中的政治意义上的典型，更多成分都凸显在经济意义层面。如道德模范、河南辉县张村乡裴寨村的裴春亮，经营企业有了积累，毅然回乡，十年打拼，成就了"在路东当农民，到路西当工人，住进社区是城里人"的农村都市化愿景；河南辉县孟庄镇总能成为市县经济的领跑者，除了地理位置优越，最重要的是镇的决策团队始终以产为基，以产兴镇——构筑产业集聚区，变公路的一般车辆通行功能为物流产业和服务业发展功能的大商之路，大项目进产业园区、小项目进创业园区、待培育项目进孵化园区的"一区一路三园"发展的产业经济带动战略，持续地刷新和改善着全镇经济社会生活面貌；河南浚县王庄镇，一个昔日名不见经传的穷地方，一跃成为城乡一体化，"三化"协调、"四化"同步发展的样板。他们"政府规划，企业运作，产业集聚，人口集中，土地集约"，实实在在地走了一条"农业产业化、农区工业化、就地城镇化"的典型的以农字号为内容主体的路子，可是了得。这些村镇的变化发展从经济学理论上看，无非就是调动了各类各种经济要素，实现了生产企业与乡镇社区的捆绑，实现了企业家与乡里乡亲利益的捆绑，实现了产业发展与就业目标的捆绑，实现了政府作为与市场调节的捆绑，无论是个人报恩型，还是企业带动型，或是政府推导型，其实都是一个追求，即经济富裕，并且是经济的共同富裕，而我们所希望的社会和谐也正是建立在人们的经济富裕基础上的。如果河南省有2/3的村镇都有一个裴春亮，都有一个孟庄镇的领导班子，都有一个王庄镇的中鹤集团，河南经济必将会发生质的腾飞和跨越。而这一切，社科理论界怎能袖手旁观？

　　生活在河南是幸福的，幸福来自于大家的创造，河南的社科界，特别是经济学界为此也付出了劳动和心血。但是前边的路更长，任务更艰巨，我愿与大家一道为着富强河南、文明河南、平安河南、美丽河南的打造，为着中原崛起、河南振兴、富民强省的宏伟目标的实现，为着总书记期望的让中原更出彩，继续努力，积极作为。

郭 军

2014 年 11 月 6 日

目　录

一、正确认识"市场决定资源配置"和"更好发挥政府作用"

中共十八届三中全会通过的《中共中央关于全面深化改革若干重大问题的决定》明确提出，坚持社会主义市场经济改革方向，紧紧围绕使市场在资源配置中起决定性作用深化经济体制改革。从"基础性作用"到"决定性作用"，实质上反映了我们党对社会主义市场经济规律认识的深化，表明了我们党坚持社会主义市场经济方向的自信心和自信力，必将对我国经济社会发展产生巨大的推动作用。

（一）市场决定资源配置，是市场经济体制和机制的内在要求

人类经济社会发展到今天，影响和调节经济运行的基本手段和方式无外乎计划与市场。当人们的思想观念冲破牢笼，认识到公有制并非与市场经济冰火不相容，社会主义国家也可以运用市场经济来调节经济活动的时候，原有的计划经济体制即让位给了市场经济体制。在我国，从公有制基础上的有计划发展国民经济，到计划与市场结合，到计划为主、市场为辅，到国家调节市场、市场引导企业，到发挥市场配置资源的基础性作用，到使市场在资源配置中起决定性作用，共和国六十多年的变革，改革开放 35 年对社会主义市场经济体制的苦苦探索，不仅从理论到实践上不断地丰富了马克思的科学社会主义学说，而且，也使社会主义经济的运行及调节有了一个新的体制和方式的尝试。时间与空间无不佐证着我们选择社会主义道路，建设社会主义市场经济体制的正确和英明。

市场决定资源配置，也就是让市场机制对经济活动，即资源配置起决定性作用——由市场机制发挥对资源配置的决定性作用的过程，在这个过程里，每一个企业的经营活动都必须注重市场的供求关系、价格关系、资本关系、竞争关系的影响，抑或说，市场经济体制下，企业经营完全是一种法人行为，是一种微观组织活动。具体说来，市场决定资源配置，就是让企业按照市场上的供求关系及其变化计划和调整经营方向目标，按照市场上的价格关系及其变化增加或减少生产规模，按照竞争关系及其变化处理相应的纵向、横向关系，按照市场上的资本关系运作决定自己的投入产出过程效应，按照市场上的这些关系及其变化来改善企业经营管理，来追求企业技术进步，来促进企业产业升级，来刺激企业以最小的成本赢取最大的收益。如果说，计划经济体制下，企业生产什么，生产多少，什么时间生产，一切都是由计划决定的话，那么，市场经济体制下，企业的一切则应该是由市场决定的。计划决定转为市场决定，我们经历了从列宁承认商品交换、提出新经济政策设想，到毛泽东的"价值法则是一个伟大学校"，"中央不要再管企业那些事情"了，到邓小平的市场经济论；从共和国前30年的探索，到改革开放35年的演进，市场决定资源配置本已不是什么问题，然而意识作祟，惯性使然，使其成为不是问题的问题，并影响和阻滞着现代市场经济体系的建设完善。也是基于这一背景，习近平、李克强新一届中共领导集体果敢地重提这一认识论、价值观，既是对市场决定资源配置的市场经济规律的强化与深化，也表明当代中国继续沿着中国特色社会主义市场经济方向前进的道路自信、理论自信、制度自信。

（二）市场决定资源配置，就是要坚决按照市场经济规律办事

市场决定资源配置，是市场经济规律及其贯彻这一规律的内容重心和焦点，其要义就是人们的经济社会活动必须按照市场经济规律办

事。市场经济规律主要是指价值规律、竞争规律、供求规律。

价值规律是商品经济，也是市场经济的基本规律。商品经济相对于自然经济，反映着人类为交换而交换的经济形式；市场经济相对于计划经济，反映着商品经济发展到一定阶段，应用市场机制配置社会经济资源的经济方式；商品经济是市场经济存在和发展的前提和基础，市场经济是商品经济存在和发展的必然结果。因此，在市场经济条件下，价值规律依然发挥着重要作用，即任何企业进入市场上的商品价值，都应该是以生产该产品的社会必要劳动时间来衡量，并由此决定企业获取利润的大小。显然，超过社会必要劳动时间消耗的企业，就会亏损；低于社会必要劳动时间消耗的企业，则会盈利。在市场价格一定的情况下，企业利润的大小多少，必然取决于企业的社会必要劳动时间消耗量的大小多少。从这个意义上讲，价值规律也可以理解为价格规律，市场决定也可以理解为市场价格决定。价格既是由价值决定的，也同时反映着商品的供求关系，所以市场上价格的波动和微妙变化都会对生产者、经营者、消费者产生影响，从而调节着社会的生产、流通、分配、消费，调节着社会总劳动在各部门、各产业、各企业和各种产品之间的比例和结构关系。这种价格调节，对企业来说还是一种强烈的刺激——应对价值规律的不可逆转性和市场上的价格特性，企业必须不断创新技术、创新工艺、创新管理、创新经营，才能降低社会必要劳动消耗，才能达成利润的最大化。

竞争规律。竞争的实质是商品的生产者、经营者彼此之间社会必要劳动消耗量的竞争，竞争是商品经济运行的铁的规律。正是由于竞争，使得商品的价格围绕价值坐标形成水平波动，并使一个时期的商品价格趋于相对稳定，保持了市场价格信号的灵敏性。也是由于竞争，使得企业成为技术创新的主体，推动了经济的发展和社会技术的进步。因为竞争规律及其市场作用下企业趋利性的特点，优胜劣汰的客观现实，要求企业的发展总是应站立在一个相对别人领先的地位层次，不创新就意味着被淘汰出局。值得指出的是，在经济一体化发展、不断重新洗牌、重组再造的新的形势面前，现代市场竞争，已非早前的尔虞我诈、坑蒙拐骗、大鱼吃小鱼、虾米对虾米，昔日的竞争对手也许就已经变成今天的合作伙伴，不是要置对方于死地，而是要谋求携手共同做"蛋糕"，大家都能够切得一个平均利润份额。竞争的内容也已转向了理念的竞争、人才的竞争、技术的竞争、资本的竞争、成本的竞争、价格的竞争、服务质量的竞争、企业形象的竞争、企业策划的竞争、企业战略的竞争等。

供求规律。一般来说，市场上的价格变动是由供求关系带动的，但是，价格的变动同样又会引起供求关系发生变化。比如，某种商品的价格上扬，便会刺激企业增加对该商品的生产供应；反之，某种商品的价格下跌，必然引起生产该商品的企业缩减生产规模。这种商品供求关系与价格波动关系的相互作用，形成市场上供给与需求均衡条件下的价格，从而对社会经济运行产生影响和调节，就是市场的供求规律。供求规律一方面促使市场价格围绕商品价值上下波动，为各个企业提供着市场不断变动的价格信号；另一方面又直接影响着市场商品的总量、比例、结构，推动了市场及其企业的均衡和非均衡发展。

值得指出的是，社会主义市场经济是同社会主义基本经济制度结合在一起的，市场决定资源配置，既要按照市场经济规律的要求办事，还要注意受制于社会主义基本经济规律的约束。社会主义基本经济规律表现着社会主义的生产目的，即社会主义生产一方面要追求经济社会效益的最大化，另一方面更要保证最大限度地不断满足人民日益增长的物质文化生活需要。因此，在社会主义市场经济条件下，让市场决定资源配置的同时，还应更好发挥政府对经济的适度调节的作用。

（三）市场决定资源配置，应明晰政府与市场的关系

"经济体制改革是全面深化改革的重点，核心问题是处理好政府和市场的关系，使市场在资源配置中起决定性作用和更好发挥政府作用。"这是学习和贯彻中共十八届三中全会精神和《中共中央关于全面深化改革若干重大问题的决定》的一个具有枢纽地位的重要思想的遵循。从我国经济体制改革的视域看，政府和市场的关系，涉及三个基本的内容层面，即政府和市场的关系，市场和企业的关系，政府和企业的关系。政府和市场的关系，核心的问题是谁对经济运行的调节起主导的、决定的作用，以及运用什么方式在什么范围如何进行调节。改革开放发展到今天，这个问题也已非常清楚，就是政府主要对宏观经济运行实施总体性、长远性、根本性的战略规划和方针政策的引导，预测、防范经济波动，规避、调理市场失灵，保持经济社会，特别是速度、就业、价格、国际收支平衡几个方面的良性发展，除此之外，微观经济的运行则主要依靠市场机制调节，由市场决定资源的配置。

政府和市场的关系，就是计划和市场的关系，也就是一个国家经济的运行到底主要运用计划来调节，还是主要运用市场来调节的关系。无论从理论上还是实践中，无论是发达国家，还是发展中国家，计划和市场两种调节方式实际上都是存在的，只是应用的范围和程度不同而已。发达国家以市场调节为主，但并没有排斥计划，比如五年、十年的中长期计划，既有综合的，也有专项的，这些计划虽然发挥的只是一种天气预报的作用，对宏观，也包括微观经济运行的影响却是实在的、直接的。同样，邓小平说计划和市场都是调节经济的手段，资本主义有计划，社会主义有市场。西方经济学著名学者科斯也承认"计划与市场各有所长，互不替代"。那么为什么我们要否定了计划经济体制呢？第一，我们把计划的手段、方式功能与国家行政管理制度

体制混淆了，计划与计划经济体制本不应是一个概念范畴；第二，计划和市场都是调节经济的手段，我们却人为地强化了计划调节，排斥了市场调节，单一的计划调节束缚了社会生产力的发展；第三，与西方国家制定和实施计划调节的重心放在中长期、战略规划不同，我国是以中短期计划及其指令性执行为主，这一局面虽经改革调整，但是政府计划体制的惯性依然使市场机制的调节远远不能作用到位，极大地影响了市场经济能量的释放发挥，所以，中央高层下决心要求从原来发挥市场的"基础性调节"作用，转向"决定性作用"，真正让市场决定资源配置，使政府超脱出微观事务，集精力于宏观经济的调控。

市场和企业的关系。从理论上讲，市场和企业都属于微观的范畴。企业经济运行总是从市场上购得原材料和雇佣劳动力，经过生产制造出产品又回到市场，显然，市场是以企业的运营需求而搭建的一个平台，无数个企业在这个平台上进行交换，形成市场上的商品交换关系，而市场交换关系的变化又形成市场对企业发出的一个一个信号，引导着企业的生产和经营活动。所以，市场的主体是企业，企业的运行以市场机制调节为转移。

政府和企业的关系。原有计划经济体制下，单一的公有制经济，政府和企业是一体的，这种政企不分的结果是政府直接管理企业，企业没有独立的商品生产经营权，实践证明我们干了"不该管，也管不了、管不好的蠢事"。进入市场经济体制，政企分开，企业和政府之间除了依法纳税的关系外，政府不应再插手企业事务，企业也应不再仰赖政府。

（四）市场决定资源配置，还应更好发挥政府作用

市场决定资源配置，是否就排斥了政府的作用和职能作为呢？政府是否就什么也不管了呢？回答是肯定的，还要管，否则中共十八届

三中全会《中共中央关于全面深化改革若干重大问题的决定》就不会说"更好发挥政府作用"了。

为什么市场决定资源配置，还要"更好发挥政府作用"？

第一，我们的社会主义市场经济才刚刚起步，市场体系、市场规则、市场机制、市场秩序还处在探索建设中，而我国的大多数企业还没有进入现代企业制度运营，市场法则、市场环境尚在适应、磨合期，加之我们依旧是在没有经过资本主义的充分发展、小生产像汪洋大海一样的农业国里搞市场经济，无论从哪个方面说，政府的作用都是不可或缺的。作为一个人口多、底子薄、工业化基础差的发展中大国，任何企图排斥政府作用，削弱政府力量的想法和做法，都是不负责任的。

第二，我国是社会主义社会，但仍处于社会主义社会的初级阶段，社会主义初级阶段的资本积累本身在客观上就要求运用和调动包括政府在内的各种手段、各种因素的积极性、主动性和创造性。同时，社会主义公有制经济的存在使得政府不可能完全超脱出微观事务，置国有企业的经营绩效于不顾，而非公有制经济的健康发展在现阶段没有政府的扶持呵护也是不现实的。

第三，我国的改革开放虽然打开了国门，然而许多企业要真正"走出去"，参与国际经济大循环，没有政府的铺路、架桥、疏通，肯定是非常困难的。所谓的"大招商"、"招大商"，以及企业资本的战略重组、技术提升，本不应是政府的事情，但在相当长的一个时期里，离开了政府单靠企业却又是难以做到的。比如，企业融资难，特别是民私营企业融资难的问题，如果没有政府从制度、政策上的给力，没有政府一定的组织协调，应该说可能更难，因为民私营企业的运行现况与金融业的规范要求根本上就存在着很大的差异。在今天，不从国情、区情，以及企业实情出发，一直空谈什么"政府越位"、"政府错位"、"政府官员说的是企业家的话、企业家说的是政府官员的话"的理论，就可能显得不那么接地气了，而是太书生味了。还是回到现实中来，或是等到哪一天我们跨越了"中等收入陷阱"，我们跨进了发达国家的行列再说这些话吧，而相信到那个时候，市场决定资源配置必然已经成为一种经济社会调节的主导的、自然的、规范的体制和机制，也就不用再说这些话了。

第四，发挥政府作用，并非是政府直接插手企业经营管理，而是通过法律、政策、条例、规定，使企业的目标和政府的战略指向相衔接，并且为着同一目标给企业创造一个良好的外部环境条件。比如，政府规划建设产业集聚区、特色商业区、商务中心区，以及各种产业园区，促进了产业的集群化发展，加快了企业趋向现代产业组织运营、迈到高成长性企业的门槛，而这一切单靠企业自身是很难办得到的。

更好发挥政府作用，既是市场经济运行的客观要求，也是资本主义发达国家和地区成功的实践经验。人类世界发展的历史已经无可辩驳地告诉我们，任何一个国家都没有一定要把自己的经济体制定位为完全自由的市场经济；相反，一直在强化着政府对市场失灵无效方面的积极的、适度的调理和干预，这些国家和地区往往把自己的经济运行模式甚至直接称之为"市场经济+政府适度干预经济"，如东南亚国家和我国的港澳地区。即使是在美国这样的号称典型性"纯正"的市场经济国家里，2008年爆发的金融经济危机，若是没有政府的前期干预和后期的出手相助，至今六年的时间是绝对不可能显现复苏迹象的。在欧洲，此起彼伏的经济危机不断地、持续地发作，不仅一再证明着市场经济调节确实存在着失灵和缺陷，而且，化解危机和引导危机从萧条走向复苏的过程日益显现出政府的作为和力量。

资本主义的政界与学界承认也好，不承认也好，事实上，西方国家的市场经济制度，已经越来越赤裸裸地撕下了商品经济、市场经济的面纱，人们看到的是强权政治挟裹着的市场经济，市场经济已经不能涵盖原本市场经济的意义了，而是要在市场经济前面加上"政治"

两个字，应该叫作"政治市场经济"，尤其是在国家与国家之间、发达国家与发展中国家之间、大国家与小国家之间，市场经济的评价标准和依据截然不同。这充分说明，社会主义国家必须坚持社会主义基本经济制度，必须从自己的国情、特点出发，探索出社会主义市场经济的体制机制，在积极实施市场决定资源配置的过程中，主动履行政府职责，更好地发挥政府的作用，真正走一条中国特色的社会主义市场经济的路子。

（2014 年 2 月 6 日　原载《学者之见》2014 年第 3 期）

二、"三个自信"首要的是党的各级领导干部的自信

中共十八届三中全会的召开及其通过的《中共中央关于全面深化改革若干重大问题的决定》，展示了新一届中央领导集体的政治智慧和勇气，反映了以习近平为总书记的党中央强烈的历史使命感和高度责任感。而这一切则来源于对马克思列宁主义、毛泽东思想、邓小平理论指导下的中国特色社会主义建设与发展的道路自信、理论自信、制度自信。

中国共产党开宗明义宣示"指导我们思想的理论基础是马克思列宁主义"并写进党章，作为立党之基。正是马克思列宁主义理论的指导及其形成的科学的世界观和价值论，引领我们党走过了90多年、共和国走过了60多年，包括改革开放35年的辉煌跨越。实践是检验真理的唯一标准，实践证明了我们党以马克思列宁主义理论作为指导思想的抉择的正确性，也正是有了这一伟大的理论支持，我们创立了社会主义的生产关系和由这一生产关系决定的社会主义的基本制度，并在不断巩固、完善中，坚定地走出了一条中国特色的社会主义道路。

理论之树长青，实践却并非那么顺意平直。新中国成立以来，我们坚持了马克思列宁主义理论的指导性地位，但是实践中对马克思列宁主义理论的认识也存在一些误区，以至于形成了高度集权的计划经济体制，淡漠了市场经济的作用，把马克思科学社会主义学说机械地理解为公有制+计划经济+按劳分配，使社会主义的建设与发展出现某

种扭曲，而这一步走下来，仅仅是调整所有制结构，就耗费整个35年的改革开放期，而且都还没有完全理顺。这也是对马克思列宁主义理论的认识偏颇和急于"一个早上跑步进入共产主义"的幼稚心理，直至20世纪90年代上半叶才真正对于当代社会主义做出了一个历史阶段的定位——我们尚处在社会主义的初级阶段，还要借助商品交换、价值法则、资本运营、市场机制来活跃经济。马克思对科学社会主义的理论描述是"一个自由人联合体"，在这个自由人联合体内，每一个人都有权自由地、全面地发展自己的体力和智力。可是，一直到共产党建党80周年纪念日方正式提出要"促进人的全面发展"的思想（可喜的是随着改革开放，微观领域在20世纪末首先认识并强化了以人为本的企业经营和管理的新机制；2002年以来更是开始形成了以人为核心的党和国家建设的新的科学发展观；这两年还强化了"工业文明中的人的问题"以及"人的城镇化"的思想）。这是我们党在领导人民进行社会主义建设过程中曾经出现的遗憾，但这不是对马克思列宁主义理论的不自信，是理解、认知与实践上的问题。现在则更多的是对马克思列宁主义理论的不自信，从而对社会主义道路和制度产生怀疑和不自信的问题，这又主要表现在一些党的中高级领导干部身上。领导我们事业的核心力量是中国共产党，所以，坚持"三个自信"首要的是党的各级领导干部自身的自信力。

如果说我国前30年，毛泽东注重马克思列宁主义理论和社会主义道路、制度教育，并通过教育抓住了人，形成了千军万马一声令下，一个步调，却没有完全集精力于经济建设（并非想否定那个时期取得的成就和为今天的发展打下的经济社会基础这一事实）；那么，进入邓小平的时代，抓住了经济建设这个"牛鼻子"，强调了"一个中心"、"两个基本点"，实施了改革开放发展的大谋略，却也出现了忽视对人的教育的问题。20世纪80年代末，邓小平就深刻地指出，十年最大的失误是教育。许多人认为是邓小平在批评教育行政部门，在说国民教育事业落后，后来江泽民诠释到，邓小平是讲的这十年最大的失误是没有对我们的国民进行思想政治教育、社会主义价值观教育，造成"自由化"泛滥，诋毁和中伤社会主义制度、对社会主义道路产生怀疑和不自信，一时尘嚣甚上。一直到今天，依然有一些"学者型官员"、"社会贤达"和著名专家学者仍在鼓吹要用西方经济学来代替马克思列宁主义经济学，以所谓的"民主社会主义"来代替社会主义，并批评以马克思列宁主义理论作指导是本本主义、教条主义，甚至认为改革就是要完全"西化"，就是要必须摒弃马克思的东西。邓小平正是看到和预知了这一点，提出了"失误论"。

坚持"三个自信"，党的各级领导干部是主体，"干部不领，水牛掉井"。回顾党和国家的发展史，我们便会深深地感悟到这一点。一个时期，我们坚持了马克思列宁主义理论的指导，坚持了社会主义道路方向，坚持了社会主义生产关系及其制度，我们的社会主义各项事业就会由于有着强有力的理论基础和坚定的信仰追求，就会有一个科学的顶层设计和基层生机，就会做出正确的决策和政策，就会循序发展；反之，则会出现国民经济结构和比例关系的失衡紊乱，甚至停滞徘徊；出现社会上一些人端着碗就吃，放下碗就骂，人心浮躁；出现鄙视劳动、轻视劳动，只知道求索，不愿意奉献……严重影响到经济、政治、社会、文化、生态、国防诸方面的进取，极大地减低了经济社会投入产出的边际效应，使本来应该生机盎然的社会主义活力受挫。而这一现象和局面的形成，党的各级领导干部，特别是中高级领导干部负有不可推卸的责任。

坚持"三个自信"，关键是党的各级领导干部首先要有自信心和自信力。"三个自信"，是一种信仰，是一种理想，是一种追求，是一种动力，是一种世界观，各级党的领导干部不自信、不坚守，必然会影响到人民群众的不自信。各级领导干部不敢理直气壮地、个性鲜明地谈马克思列宁主义，不敢大张旗鼓地宣传社会主义道路与社会主义制度，不能从思想观念上牢牢地构筑起马克思列宁主义理论、社会主义道路和制度的大坐标，不能在实践中用马克思列宁主义理论、社会主义生产关系及其制度指导、引领人民沿着社会主义道路前进，不会用马克思列宁主义、毛泽东思想、邓小平理论和中国特色社会主义理论来教育和武装人民，不仅树立不起执政党的形象和权威，也必然得不到人民的拥护和支持。应该承认，这些教训和失误都是客观存在的。

由于"失误"，由于没有注意马克思列宁主义理论教育、社会主义道路教育、社会主义制度教育，不仅使党的一些领导干部迷失了方向，更重要的问题是，一些领导干部不能正确树立社会主义核心价值观，不能勇于担当，亦如习近平讲的，没有主张和定力，从而影响到一些国民甚至出现异化现象，排斥、瓦解社会主义，推崇、维护资本主义，一切以资本主义经济社会划线，一切向资本主义经济社会看齐。期间虽然做了某种纠正，提出要加强社会主义思想政治教育工作领导，中央还成立了马克思列宁主义理论建设工程领导小组，包括在高校推行马克思列宁主义理论进课堂、进教材、进大脑的"三进工程"，但效果并不理想，从而使党的建设、政府的运作过程都不同程度地出现一些困惑和尴尬。尤其是深化改革开放、融入世界经济一体化发展，包括党的一些领导干部在内对党的理论基础、指导思想、道路方向、基本制度产生了动摇，从疑虑到不自信，或是把家属子女送往国外，或是自己办好一个外国护照揣在兜里随时准备"溜号"、"跑路"，或是沉迷于形式主义、官僚主义、享乐主义和奢靡之风，或是贪污腐化、消极堕落、得过且过、应付了事，严重影响到党的建设，影响到党和政府同群众的关系，影响到社会主义生产关系的完善和生产力的发展。值此改革开放进入攻坚期和深水区之际，如何以更大的决心冲破思想观念束缚，突破利益固化藩篱，增强党的宗旨意识、进取意识、使命意识、责任意识等，该是冷静的、深刻的、反思的时候了，因为这关系到我们到底应该举什么旗、走什么路、必须明了的大是大非问题，关系到能否真正贯彻落实共产党在新时期、面对新形势做出的全面深化改革与发展的重大战略部署和决策的、必须明了的大是大非的问题，关系到能不能持续地领导人民为着"两个一百年"的奋斗目标、中华民族的伟大复兴、实现中国梦、必须明了的大是大非的问题。

在走向全面深化改革的序曲中，新一届中央领导集体提出要坚持"三个自信"，事实上已经成为能否全面深入下去，保障新一轮改革开放顺利实现预期的关键。做到"三个自信"重在党要就此做出具体部署和组织措施。比如2013年以来，在党内开展的群众路线教育实践活动，绝不能只是简单地理解为刹"四风"、强"八条"的问题，而最重要的是解决党的领导干部的信仰问题。纠正"四风"、"八条"问题是表，解决信仰问题是本。信仰没有了，信仰缺失了，就抛却了共产党的原本性质和基本底线，就会把人民领到邪路上去。用老百姓的话说，叫"领到茄子地里去了"，甚至造成"顶着个高粱叶子从茄子地里出来了"的现象，有意无意模糊了群众的眼睛与思维，混淆了群众认识社会和当今世界的是非判断与价值标准，破坏了党、政府和群众之间历经近百年所建立起来的鱼水关系和血肉联系。

毫无疑问，坚持"三个自信"，重要的也是首要的就是加强全党马克思列宁主义理论学习修养、增进党的各级领导干部对建设和发展社会主义道路、社会主义制度的自信心、自信力。除了党内加强自律，严格规制外，还应积极组织和依靠那些坚定的信仰马克思主义、列宁主义、毛泽东思想、邓小平理论的理论工作者和典型实践者，以不同形式、不同渠道，认认真真地开展对我们的干部，尤其是对担负党的中高级领导职务的干部的马克思列宁主义理论的、现实的教育，并通过对党的各级领导干部的教育，影响广大人民群众，给我们的人民铸就一个灵魂，一个坚信只有以马克思列宁主义理论为指导，在共产党的正确领导下才能够实现富民强国梦的信心与力量。百年大计，教育为本。就是要在教育中，在对全党、全民的马克思列宁主义理论教育、社会主义道路教育、社会主义制度教育的过程中，坚定起"三个自信"。亡羊补牢，犹未为晚。

（2014 年 2 月 13 日　原载《学者之见》2014 年第 4 期）

三、社会信用关系的经济理论思考

诚信，讲信用，保持一个人与人之间、人与群体之间、人与国家之间良好的社会信用关系，是一个人作为社会一分子及其社会交道的底线，所以，信用往往被视为社会学范畴，称之为社会信用或社会信用关系。然而，人的社会信用及其关系影响变化，又无一例外地总是通过相应的经济行为、经济利益表现出来。现代社会，社会信用与经济信用实际上永远都是结合在一起密不可分的，一方面，社会信用关系直接地、鲜明地反映着经济信用关系；另一方面，经济信用关系和社会信用关系的内生互动性则现实地构成了人类经济社会的基本运行机理。换一种说法，即如果说社会信用关系是一种游戏规则，那么，这种游戏规则就是对人们的经济行为、经济利益的一种规制、一种激励和约束——大家必须按照游戏规则从事。显然，社会信用并非只是社会学范畴所专属，还应该从经济学的视角研究社会信用对个体的、集体的，宏观的、微观的经济运行、经济动力、经济效能的影响。

（一）全面提升国家公务员的社会信用关系水平

按照人在社会中的地位、作用、影响进行机械划分，社会信用关系的第一个内容层面应是国家公务员的社会信用关系问题。公务员是代表政府履行国家行政职能的严谨规范的岗位工作者，其公务机关大楼悬挂的国徽宣示着这一岗位的内涵与外延，表明着公务员的责任、权力、利益，而贯穿公务员行为准则的一根红线，或者说公务员岗位及其职责权利曲线的坐标正是社会信用。人民政府为人民，公务员手中的一切权利都是人民赋予的，公务员所做的一切都应该为着人民的利益。因此，维系公务员—政府—人民之间关系的本质内容就是这种社会信用关系。公务员的社会信用度不仅直接影响着政府的社会信用度，还直接影响着政府在人民中间的形象、权威。人类社会走到今天，无论是原始社会、奴隶社会、封建社会、资本主义社会，无论是发达国家和地区、发展中国家和地区，之所以社会变迁、吏治波动、朝代更替、政府换牌，最终的成因无外都是社会信用出了问题，都是社会信用关系的破裂所致。革命者加速旧政权的崩溃和新政权的诞生，关键的也都是看到和利用了社会信用关系的微妙变化。所谓失民心者失天下，失去的恰恰不是政府大楼，而是政府与人民之间的社会信用关系，是政府大楼里的官吏，即政府公务人员社会信用的泯灭。我国清王朝江山的坍塌，蒋介石的"中华民国"蜷缩到孤岛台湾，原因可以说出一箩筐，但是，最重要的是一些政府公务人员的浮夸、贪腐、堕落，是公务人员利用手中的权力谋取一己私利而毁国家之大利，遭人民唾弃，令人民失望。吏治腐败是最大、最危险的腐败，这种腐败不仅仅导致经济社会的畸形发展，更可怕的是由于人民感觉到政府社会信用的不再，必将会动摇国家政权和整个社会的安危。

以习近平为总书记的新一届党中央领导集体审时度势，也正是看到了这一点，所以下大决心和气力整治国家公务人员贪污、腐败问题。无论是"老虎苍蝇一起打"，还是具体的八项规定反"四风"，以及践行社会主义核心价值观、推进群众路线教育实践活动，也包括重学焦裕禄等，其历史的、现实的意义就在于调理重塑公务员—政府—人民之间的社会信用关系，促使公务员及其政府社会信用关系的本源回归。公务人员贪污、腐败，已经成为当今我国人人都痛斥的一大社会问题，并且开始从权重高的部门向权重低的部门下移，从组织、人事、土地、矿产、工程、交通等大部门、大项目、大资金单位，向"清水衙门"的小部门、小项目、小资金单位蔓延。有媒体报道，"一笔扶贫款从市到县被侵吞 40%，从县到乡又被克扣 40%；一张小农机具秧盘的国家补贴 2 毛 5 分钱，农技站就克扣 1 毛 8 分钱，站长还要贪 3 分钱；一个售价数百元的骨灰盒，民政干部也要拿 15 元回扣……"（《中国青年报》2014 年 5 月 22 日）。经济学教科书中有一个"边际效应"概念，讲的是投入和产出的对比关系以及机会成本意识。一些公务人员（包括各类各种在岗公务人员和已进入违规违纪处理和司法程序的贪污腐败者）背离岗位责任、社会信用，进行权钱交易，"拿得行贿者一点，给了行贿者一片，拿得行贿者一些，给了行贿者一切"，不仅扰乱了经济社会运行的正常秩序，其实，这也是一种不讲投入产出、不计交易成本的现象，做的是亏损买卖，到头来毁掉了自己的公众形象，绞杀了公务岗位职责规范，破坏了社会信用关系，显示出缺乏经济意识的糊涂和愚钝不说，最为"遗憾"和"可惜"的是一些人所受贿的钱物自己并没有享用，就东窗事发，"被带走调查"。

（二）不断完善生产关系，加快企业社会信用关系体系建设

社会信用关系的又一个重要的内容层面是企业信用关系。经济史告诉我们，人类经济社会文明的标志之一，是人们从单个劳动生产进入聚集在一起建立现代企业组织，进行社会化大生产。而维系这种组织生命力、保持企业生产经营的高级化发展，实现马克思所揭示的生产、流通、分配、消费的生产关系运动的正是社会信用关系，即人与人之间、人与企业之间、企业与企业之间所结成的社会信用关系。从这一视域看，也可以说社会信用关系是经济社会发展中的普遍的、重要的关系，属于社会生产关系的范畴。马克思主义经济理论认为，社会生产关系包括生产资料所有制关系，人们的社会就业关系、劳动产品的分配关系。生产资料所有制关系表明的是一种产权关系，就业关系和分配关系则反映的是社会劳动关系，而无论是产权关系（当然包括物的权属关系和劳动力的权属关系），还是劳动关系，内在都体现着

一种社会信用关系。如物质资料的所有、使用、转让过程，投资者、经营者、使用者之间假设没有一定的社会信用关系，或是彼此之间不讲社会信用，那么，物质资料的运动也许根本就不会存在。再如人，即劳动力所有权关系。企业经营管理过程中存在劳动力雇佣、劳动力让渡、劳动力流动、劳动力投入产出等，从而构成劳动力与企业之间的劳动关系，假设不是建立在一种社会信用关系前提下，那么，这种人与生产资料的结合、劳动力与企业之间劳动关系的构成，也许根本就不会发生。农民工之所以工资微薄且经常不能按时拿到工资，表象上看是"拖欠"，本质上是企业社会信用的缺失，企业主社会信用关系的沦丧。

我国社会主义企业按照所有制关系划分，总体上包括国有企业和民营企业。国有企业作为代表国家和人民兴办的经济体，本应一切为着国家和人民，却也时有发生偷、逃、漏税现象，除了制度、机制方面的原因，重要的是国有企业与国家之间社会信用关系的不断弱化，出现国有企业法定代表人贪腐，国有法人组织运营差强人意。从民营企业看，民营企业（这里主要指中小微企业）为什么怀里总是揣着几套账？为什么与金融企业轮回博弈，总是"贷款难"？为什么与研发人才、劳动力之间冲突不断，形不成和谐劳动关系？原因照样可以说出很多，但恐怕根本的还是民营企业长期习惯于在市场与政府之间走钢丝，既期望鱼和熊掌兼收，又盘算着小鸡叨食两边都得。对税务一套账，对审计一套账，对物价一套账，唯自己意志需要是从，游不出小生产者的汪洋大海，所以许多民营企业都是"英年早逝"，企业生命周期颇短。这些年包括民营企业在内的社会各界都在谴责金融部门不能一视同仁给民营企业以公平待遇，导致民营企业贷款难。事实上即使是"中、农、工、建"四大国有银行不给贷，而大量的股份制银行、合作银行却也并不那么放手给力呢？原因还需从民营企业自身查找，重要的不是不贷，而是民营企业的财务制度与银行规制不对接。毋庸置疑，民营企业的科技研发能力呈持续走高态势，但是不容忽视的是，民营企业和科技研发人才、重要岗位的技术工人之间的摩擦、冲突，也同时呈上升趋势，甚至成为制约民营企业跨越的"瓶颈"。"民工荒"呼吁了十年，却一直是"荒"着招不到工，是完全的工资低、待遇差吗？回答是否定的。民营企业与劳工之间、民营企业与民营企业之间、民营企业与银行之间、民营企业与政府之间应有的社会信用关系和现实之间的背反，是我们该反思、省悟的时候了。建立几套账，遭遇贷款难，面临人才流失"用工荒"，生命周期短暂，肯定有许多外部原因，但重要的还要从民营企业主自身找原因，要在社会信用度上找问题（近日曝光的上海福喜食品公司向麦当劳、必胜客、肯德基提供变质肉，其员工就称是"厂长叫做的"）。只要是现代社会，只要是参与现代国内外市场经济大循环，不讲社会信用，不注重社会信用关系，任何企业都或迟或早地会断掉自己的发展前程。

企业社会信用关系的欠缺，不仅使企业间失去了基本的诚信和相互促进的动能，长此以往，必然使企业的生产关系僵化，严重影响企业的发展——企业生产关系不适应企业生产力的性质，阻碍企业目标的实现。社会主义制度条件下，国有企业也好，民营企业也好，都有一个坚持社会主义理论自信、制度自信、道路自信的基本的价值取向的问题，都有一个坚守社会主义劳动者、社会主义企业的诚实守信及其良好社会信用关系问题，这也是全面深化改革、赢得改革红利的重要思想基础和行动指南。

（三）深化人的社会信用关系意识，增强经济运行的生机活力

人的社会信用关系构建是整个社会信用体系的基础。社会是人与人之间关系的总和，信用是构成和维护人与人之间关系的脊柱，人是社会信用关系的主体和主导。不同国家、不同民族、不同社会制度条件下，既有着共同的社会信用内容特征，也有着差别化的社会信用内

容规则。所谓共同，即全人类社会发展的过程，要求人与人之间、群体与群体之间都应当以诚相待，人际交往、群体交往都必须要讲信用。所谓差别，是指一个国家、一个民族、一个社会所坚守的社会信用关系理念与信念，人们诚信与失信的评判规则，以及以社会信用关系为基础所建立的社会制度、体制、机制，抑或说，一个社会所追求的核心价值观。

社会信用关系，从来就是约束、规范人们经济社会活动的、带有制度的、道德的、伦理的性质的价值取向及其行为遵循，上至一个国家领袖，下至一个普通公民，概莫例外。然而，今天之时代，社会信用关系似乎只是一个标签，似乎只是用来说给别人听的训诫，像手电筒只照别人不照自己。美国总统几乎每周都要面对"上帝"虔诚祈祷，告诫自己要当善人、要做善事，而过了礼拜天，便又换了另一副面孔，任凭着自己的好恶，肆意出兵他国，使许多国家和民众陷入战乱、恐怖，不得安宁。日本首相说一套做一套，处心积虑地要重建"大东亚共荣圈"，重走军国主义的老路，"解禁"也好，扩大自卫队也好，其昭然野心历经将近80年没有实现的噩梦，再过80年仍然也只是一枕黄粱。美国到处煽风点火，妄图引燃"颜色革命"，日本垂涎邻国资源，图谋对外掠夺，已经完全超越了人类的最基本底线，诋毁了各国人民之间的社会信用关系，赤裸裸地把个人和集团利益关系强置于社会信用关系之上，无不暴露了资本主义社会制度的腐朽性、没落性。

在我国，社会信用关系是与社会主义核心价值观结合在一起的。社会主义核心价值观的基本内容包括三个层面，一是国家层面的价值目标：富强、民主、文明、和谐；二是社会层面的价值取向：自由、平等、公正、法治；三是公民个人层面的价值准则：爱国、敬业、诚信、友善。三个层面24个字的支撑点就是社会信用关系。如对国家而言，要正确处理好国与国之间的关系，要致力于国家和民族经济富强和社会民主、文明、和谐；对社会而言，国家政府必须致力于创造一个自由、平等、公正、法治的经济社会大环境，让每一个人都能够自由全面地发展自己的体力和智力，每一个人、每一件事都能够得到平等、公正、法治的相待；对公民个人而言，要求每一个人都应该以社会主义国家主人翁的姿态，做到爱国、敬业、诚信、友善。社会主义核心价值观，既是对我国社会信用关系的历史传承，也是对改革开放创新发展、实现中国梦进程中，国家、团体、社会、个人言谈举止、交差共事的信用保障，已经成为我们处理国内外一切事务的基本遵循。

需要指出的是，目前人们都感叹如今的社会信用度太差，并非是缺乏社会信用理念和准则，而是自觉贯彻和实践问题。比如，一些企业生产的有毒有害产品，严重触及"舌尖上的安全"，而如果企业厂长经理有着强烈的社会信用观念，如果我们的制度，特别是法治能够像西方国家遇到这类事儿那样，政府官员要引咎辞职，企业经理会受到重处，甚至因企业的社会信用和法典重律使得经理自己跳楼或跳河自杀，这样的产品也就不会一而再、再而三地面世。再如，我们的同事之间、上下级之间、同学之间、老乡之间、战友之间如果都能够保持和坚守住社会信用底线，人人敬业、诚信、友善，那种互不信任的、庸俗的交换利用关系还会存在吗？那种卑劣的不给好处不给办事，不跑官不给官，不升迁不出力的现象还会存在吗？那种"上有政策、下有对策"，"村骗乡，乡骗县，一直骗到国务院"的怪事还会存在吗？现在，从中央高层到地方决策者，从政府红头文件到行业下发规定，一方面说明目前我们的社会信用问题已经严重地影响到经济运行正能量的释放，社会信用关系的相悖正在对经济活动产生着负效应；另一方面当政者已经不能容忍社会信用关系再这么如此模糊和紊乱下去，全面提高社会信用度，把它放到各级党的、政府的领导者的重要议事日程，放到各类各级企业决策者、经营者、管理者的重要议事日程，放到每一个人的脑际中、心窝里，已成为"必须的"要干的工作。亡羊补牢，犹时未晚，唯有这样，才有可能形成全社会人人都敬业、诚信、友善的新局面，才能以整个社会的良好社会信用关系助推中国经济的腾飞。

　　人是经济社会的主体，也是生产力中最活跃、最具有决定性的因素。人的行为总是以一定的价值观为指导，以一定的社会信用关系为依赖的。因此，社会信用关系的主体是人，人讲信用了，社会就有信用了，人不讲信用，整个社会信用关系体系的构建就是一句空话。所以，研究、贯彻社会主义核心价值观，维护并形成良好的社会信用关系，必须着眼于人，着力于事，从我做起，从小事做起。同时，使每一个人都能够感觉到，在我们的国度里，不讲信用，不诚实守信，不维护社会信用关系，最终都会受到经济的、行政的、法律的惩处。

　　（2014 年 7 月 23 日　　原载《学者之见》2014 年第 15 期）

四、人口红利拐点已现，是否应该那么悲观

——与蔡昉先生商榷

近段时期，关于人口红利的议论几乎成为一个热点，大家的关注在于认为我国人口红利的拐点已经出现，而就这一拐点带来的影响则众说纷纭。《人民日报》1月28日"经济周刊"刊登记者采访文章，蔡昉先生就人口红利趋于消失发表了很好的观点，特别是最后"目前的政策底线应当是放开二胎"的思想，既有积极的理论支撑，也有厚实的实践底气，应当引起政府的关注与研讨。但是，蔡昉先生的整个阐述则给人一种悲观的感觉，一些观点也是值得再商榷的。

（一）劳动年龄人口增长趋缓是一种规律

人口红利是指劳动年龄人口增长从而引起人口扶养比下降，助推社会经济利好发展的状况。人口红利反映了人口、劳动、经济、效益之间的互动关系和一般规定性。人口基数大，劳动年龄人口规模就大，在劳动力参与率不断提高的条件下，社会人口扶养比相对较低，人口及其劳动对社会经济的效益不仅表现出一种正能量，而且会加速社会经济的发展；反之，则人口红利趋减，有可能影响社会经济的发展。人口红利的多少，首先取决于人口自然增长率，即人口总量的变化，而一个时期，一个国家人口总量发展到一定规模时，会保持相对稳定，从而带来人口红利恒等趋稳。同时，随着人口老龄化的出现，人口资源结构的变化，又会使得人口红利呈相对下降或绝对下降趋势。我国

2012 年劳动年龄人口比 2011 年减少 345 万人，但人口总量保持继续增加。国家人力资源和社会保障部的官员称，2012 年我国实现城镇新增就业 1266 万人，为过去九年来的最高水平。年末城镇登记失业率为 4.1%。这一数据说明我国劳动年龄人口虽然有所减少，劳动就业、劳动力参与率却并没有下降，而人口扶养比主要是指进入劳动过程的就业收入者的负担或赡养的人口系数。所谓人口红利，实际上主要是以社会人口中直接参与劳动的人口所形成的现实生产力及其对经济社会的贡献联系为支点的，劳动年龄人口则只是一种潜在的劳动力，不等于劳动力人口，即劳动力直接参与劳动，并取得劳动报酬的人口。所以，对于出现的劳动年龄人口减少应给予关注，但却不必要那么大惊小怪。当然，我们也应该承认，由于我国长期实施僵化的人口计划生育政策，在控制人口规模的同时，客观上又必然抑制了劳动年龄人口的正常增长，可能导致人口红利减少的趋势，也正是针对这一现象，国家高层决策者对现行的人口发展政策做出了适时的调整。

（二）人口红利时代将逐步过渡向人口红利与资本红利结合时代，标志着社会经济发展的繁荣和文明

按照经济学理论揭示，人口红利本质上反映的是活劳动的价值创造及其社会经济效应，分析的是人力资源的开发利用在社会经济中的地位，以及对社会经济的影响和贡献。人力资源的开发利用，在不同时空条件下，其内容重心有所不同。在生产力水平较低的时期，人力资源开发利用的内容重心是劳动力数量；在生产力发展到一定阶段时，人力资源开发利用的内容重心则是劳动力质量。所谓生产力发展到一定阶段，是指科技对生产力的提升、社会劳动生产率的高涨，甚至出现对劳动力的排斥，劳动力在岗位和部门之间的流动成为一种普遍的规律，整个社会经济运行过程表现出对劳动力素质要求越来越高，从而使人口红利由传统的量的概念，转向质的特征，由注重人口红利转

向人口红利与资本红利（包括人力资本、物力资本、技术资本、财力资本以及社会资本等）相结合。如果说，我们过分从量的视域追求人口红利，是以小农经济、手工业生产为主体的一种特定阶段性思维方式和内容特征；那么，在今天，我们既要关注劳动年龄人口的量的变化，更应注重劳动年龄人口的质的要求，即使在国际市场上低廉的劳工成本已不再具有任何优势。实践是检验真理的标准，我国长期存在的一般劳动年龄人口无限供给、高素质层次劳动年龄人口无限短缺的二元人力资源市场结构就是一个最好写照，从这一现实看，也可以说，我国在现阶段不会出现人口红利消失问题。应该指出的是，我们在建设新中国初期，用战争中打"人海战"的定式，推行"一大二公"的政策，以期通过人民公社、公有制等形式的生产关系来发展经济，实践已证明是与现存的社会生产力不相适应的。

毋庸置疑，人是生产力中的决定性因素，但是，人的素质、人的创新性能力高低，又直接影响着人的劳动潜能的发挥，尤其是人的科技创新能力影响着生产力的进步。所以，进入现代社会，必须既要看到人的积极性、主动性、创造性，更要看到随着科技进步，资本有机构成的提高，抑或说，科技革命对生产方式的提升带动。资本有机构成的不断提高，是一个大势。资本有机构成的提高，不仅省却了大量的劳动力投入，而且效益更高，质量更好。这就出现了一种客观现象，一方面劳动年龄人口在不断减少，另一方面社会经济效益却并没有因此而大幅下滑，只是人口红利被资本红利所转化而已。近十年来，我国许多地方的经济，包括成为国民经济支撑的众多成长性工矿企业，大量的农村、农业经济，由于从粗放走向集约，从劳动密集走向资本密集、技术密集，形成了工业的高增长，农业的"多连冠"，而其本质上是"减人增效"，是资本有机构成提高，工业现代化、农业现代化发展，并没有凸显和依靠"人口红利"。

（三）现代社会，人口红利影响经济增长，但不是最主要的因素

亦如蔡昉先生所说，在低人口扶养比背景下，因为劳动力负担轻，可以维持高储蓄率，带来高投资，拉动国民经济快速发展，而一旦劳动年龄人口减少，就会出现资本投入报酬递减现象。蔡昉先生这里有两个思想误区值得商榷，一是有没有必要把人口、劳动力、经济发展摆放到现代社会中来，摆放到劳动力使用机器和机器体系生产过程中来，摆放到人类已经进入了第六次科技革命的新时期中来的思想。二是"十个劳动力对应一台机器"和"十台机器对应一个劳动力"，"报酬递减，资本投入就会减少"的"比方"说，从理论上看，也许是对的，但是，如果拉近到现实看，就不一定是对的。第一，"十个劳动力对应一台机器"，表现的是"以牺牲效率换取就业"的年代，那个年代的人口红利高吗？高的人口红利又使得那时的经济增速高起来了吗？第二，"十台机器对应一个劳动力"，表现的是经济方式转变，信息化发展的年代，这个年代生产过程的劳动力减少了，所谓的人口红利"趋于消失"，而消失的人口红利又使经济快速发展的步伐停顿下来了吗？同时，一个事实是，劳动力相对减少了，劳动力收入增长了，报酬也并没有形成递减（国家人力资源和社会保障部新闻发言人 2013 年 1 月 25 日说，2012 年，全国有 25 个省份根据经济发展情况适时适度调整最低工资标准，平均增幅达到 22.2%）。资本投入也并没有出现减少，至少不是因为人口红利消失而带来的减少。尽管这两年，国家调低了经济增速，但绝不是由于人口红利消失的作为，而是审时度势，考虑到国内国际经济大环境，考虑到经济的一般周期性，考虑到保持一个国民经济的合理的速度。显然，把今天的增速调整硬与人口红利联系起来理论说教，恐怕是有些牵强了。

（四）"未来中国经济增长会因人口红利趋于消失而减速"的说法有些武断

蔡昉先生立论于人口红利的消失，估计中国"十二五"时期的潜在经济增长率是7.19%，"十三五"时期更是减为6.08%。且不说这个数字的来源依据，仅仅从人口红利来"估计"，就已经失之偏颇。第一，蔡昉先生说，现在农民工干到40岁就退休了，如果干到60岁自然可以提高劳动参与率，从而提高潜在经济增长率。实际上，农民工根本没有40岁退休之说，40岁不退休，60岁也不会退休（国家有农民工退休制度吗?）。有的人甚至干到70岁，他们不应是潜在经济增长率的要素，而是直接的、现实的生产力，是持续的、不断提高的经济增长率的基本组成部分。第二，关于日本的教训借鉴，蔡昉先生的叙述认为，"在20世纪50到70年代的20年中，日本人口扶养比不断下降，经济也实现了年均9.2%的高速增长"。但是这里忽略了一个事实，即这一时期日本政府在全国发动的全民振兴日本帝国运动，切入"技术"与"管理"革命，使日本进入和保持了日本经济的高速增长。蔡昉先生说："当人口扶养比行至低点并在低点上持续20年左右时，日本经济增速也大幅回落至3.8%。"这里的"20年"没有说明年段区间，但有一个"1990年之后，日本人口扶养比开始上升，人口红利消失"，"造成了严重的泡沫经济，以致随后陷入了年均增长仅为0.85%的'失去的20年'"。如前所述，人口、劳动、经济、效益之间的互动关系是客观存在的，劳动力是生产力的决定性因素，但是，其他因素，比如经济的周期性规律、自然资源和物质资源的约束、科技创新水平程度、劳动力素质、企业经营管理效率，包括政府顶层设计、战略谋划、宏观经济政策等，所以，做一个事后的数据分析来认识相应经济发展变化的某种规定性，是无可厚非的，但如果侧重一个点位或侧面就提出带有全局性的结论，显然是不全面的。不错，日本确实一直在走下坡路，但是在今天胆敢重走军国主义的老路，则说明它还是有一定的经济积淀的，没有积极的经济和财力支持它也不敢如此嚣张。

回到我国现实中，我赞成"人口红利趋于消失，导致未来中国经济要过一个'减速关'"的判断，但是并不认为那么可怕，也不要向世人发出那么悲观的信息。一是中央高层把城镇化发展列为未来中国经济发展的重要引擎。正如李克强同志分析的，我国城镇化率虽然已经超过50%，而按户籍人口计算仅为35%左右，远低于发达国家近80%的平均水平。国内外城镇化发展的差异，也就是我国经济发展的潜力。毫无疑问，在今后的10~20年里，我国每年都将有相当数量的农村富余劳动力及人口转移到城镇，这必将带来投资的大幅增长和消费的快速增加，也必然给城镇发展提供多层次的人力资源和劳动年龄人口，从而能够保证中国经济持续稳定的增长。二是新一届中央领导集体和政府，正在引领着我国人民科学地、全面地、务实地谋略着跨越"中等收入陷阱"，从而寻求和提升着社会资本对经济的支持系数，创新着社会经济发展的思维，转变着社会经济发展的方式，我们有什么理由因为人口红利的问题而着急悲观呢？

（2013年2月2日　原载《学者之见》2013年第4期）

五、"调中求进"就是要保持经济速度的稳增长

光阴似箭，转瞬间我们已跨入了 2014 年。亦如省委经济工作会议所概括的，在过去的 2013 年，河南经济稳中有升、稳中有进、稳中向好，继续保持好的趋势、好的态势、好的气势，发展的科学性明显增强，发展后劲加速积蓄。2014 年，是全面贯彻落实中共十八大精神和新一届党中央一系列决策部署的重要一年，也是完成"十二五"规划目标任务的关键一年。因此，河南省委要求在新的一年里，全省人民都要紧紧围绕中原崛起、河南振兴、富民强省总目标，聚焦实施粮食生产核心区、中原经济区、郑州航空港经济综合试验区三大国家战略规划，深入推进"一个载体、三个体系"建设，着力扩大需求稳增长、着力优化结构促转变、着力改革创新增后劲、着力创造优势强支撑、着力改善民生促和谐，使河南经济调中求进、变中取胜、转中促好、改中激活，切实提高经济发展质量和效益，促进经济持续健康发展。显然，新一年河南经济发展的思路、战略、做法已跃然纸上，明晰明了，而这里面最重要的是要在理论上、思路上深刻认识调中求进的内涵与外延，真正把握"调"与"进"及其两者的关系，弄清楚调什么，如何进，以便使河南经济能够始终处于一个理性的、务实的、有效的运行过程。

（一）调中求进，首要的是谋求河南经济稳增长

目前，社会上有一种说法，摒弃了 GDP 考核，意味着今后不再看

重速度了，不再追求速度了。其实，这是一个误解，不唯速度论并不等于不要速度了。第一，河南省委经济工作会议上郭庚茂书记讲得非常清楚，他说，"我们必须把调结构、稳增长作为明年经济工作的首要任务，把增长速度建立在提质增效可持续发展基础之上"。第二，河南省委经济工作会议指出，当前，"我省处于转型升级的过程之中，处于爬坡过坎、攻坚转型的关键时期，许多工作取得了明显成效，传统优势减弱或已失掉，但新的支撑力量尚在形成之中，深层次矛盾正在缓解但还没有根本解决"。所以，我们一定要"通过调整产业产品结构，确保在稳增长、保就业、惠民生上取得新进展"。第三，河南省委经济工作会议提出我们要建设现代农业大省、先进制造业大省、高成长服务业大省，一个"大"字实际上就明明白白地点出了经济规模，即量的要求、不讲速度、没有速度，不能够稳增长，无论如何也是成就不了经济大省、过渡不到经济强省的。第四，调中求进，既是强调必须保持科学发展的良好趋势，也是强调必须保持一个稳增长的良好态势。调中求进的"进"，即进取、增进、长进，"调"是为了"进"，是为了求取更大步子、更好质量效益的前进；稳增长，是就速度而言的，表明的是一种预期。调结构是实现稳增长的手段措施，稳增长是实施调结构的目的动能，调结构与稳增长是一种逻辑因果关系，两者在内容上是一体的，是分不开的。

（二）稳增长就是要有一个平稳的增长速度

稳增长的内容实质是在经济曲线下行的阶段，政府采取一定的措施和手段，来稳住并使之保有一定的国民经济规模和增长速度，即规避经济大起大落，追求一个经济发展的平稳速度。速度，既是一个国家或地区经济发展的基本门面和标志，也是一个国家或地区政府宏观调控的基本内容和目标，对于发展中国家或地区而言，速度一般总是放在宏观调控的首位。没有一定的经济发展速度，就没有一定的经济发展规模，也就没有一定的吸纳劳动力就业的条件，不仅会导致人力这个最宝贵资源的浪费，而且，还会因此带来诸多社会问题。所以任何国家都非常重视速度和就业问题，并把速度和就业问题作为制定、调整经济社会政策的基石。

速度问题的焦点是我们应该追求什么样的速度。现在政府的基调是"把增长速度建立在提质增效可持续发展基础之上"，那就说明，过去的增长速度看起来很高，但是质量和效益却很低，这种"一高两低"的增长速度不可持续。为什么是"一高两低"的增长速度？普遍的认为是结构问题，结构不合理。但是，结构问题喊了十几年，也调了十几年，直至现在也并没有真正解决"一高两低"的问题，尽管这是由于国内外经济环境太错综、太复杂了，但是国外，包括美国在内的国家虽然饱受经济危机的折磨，经济增速趋缓，总体上却并不存在着"一高两低"的问题，为什么？它是在经济复苏阶段自然而然的一种恢复性增长速度，它的投入产出比虽然在量上已今非昔比，但表明的是一种客观规定性，反映着某种合理性。我们则是经历了十几年的非正常的高增长速度，因为主观的、客观的原因，比如受到经济资源与供求关系的紊乱失衡等约束，特别是长期面临的"一高两低"的困惑，不得不停顿下来。说白了，我们的增长速度是就速度论速度的，是畸形的，不合理的。也是这样，新一届中央领导集体下决心调整这种扭曲的速度，甚至果敢地从两位数增长调整到个位数增长，以期回归到一个合理的增长点上来，表现出了新一代国家高层决策者的智慧与理性。

（三）稳增长就是要保持一个合理的经济增长速度

所谓合理的经济增长速度，一是说这个速度应该满足维护经济大局和维持社会就业一般水平的最低需求。如国家保持 8%左右的增速，河南保持 10%左右的增速。二是说应该使速度与结构、比例、效益相衔接、相协调。速度，包括发展速度和增长速度，前者是指经济总量、经济规模，后者是指经济变量、经济增比，而不管是发展速度还是增长速度，速度总是受制于经济运行中的经济结构、经济比例的影响，也就是说，一定的速度、一定的结构、一定的比例，才能达成一定的效益。速度、结构、比例、效益四者之间的关系是经济活动中的基本关系，而理解和协调四者之间关系的枢纽，则是整个经济运行是否能够保持合比例发展，这是马克思主义经济理论的一个基本思想。马克思主义经济学认为，经济活动、社会再生产、生产生产资料的生产和生产生活资料的生产之间，农轻重之间，积累与消费之间，价值与使用价值之间必须合比例发展，否则就会出现生产过剩或生产不足，生产过剩导致经济停滞，生产不足导致经济短缺，由于整个社会不能够合比例生产，往往形成经济的起落波动，或是有增长无效益，也就是在前些年我国不断出现的经济波动带来的通货膨胀、通货紧缩等现象。许多学者专家解析这些现象时讲的都是宏观经济失衡，可没有讲出宏观经济怎么失衡，其实，应该是宏观经济比例失衡，也就是说两大部类生产之间失衡了，农轻重失衡了，国民经济结构失衡了。政府部门应对失衡加大宏观调改力度，但是由于脚疼治脚，头疼医头，特别是忽略合比例思想，缺乏调整之依据遵循，结果是几乎一直处于事倍功半的窘境。一个房地产业的发展，2003~2012 年，政府出台了 43 个调控政策，房价上涨了十几倍之多，说明"就价格说价格"不行，还是要从房地产业发展与相应产业的关联性、房地产业的市场供给与需求上做文章，真正促进房地产业合比例的、健康的发展。

（四）实现调中求进与稳增长应注重和遵循国民经济合比例发展规律

国民经济合比例发展是马克思再生产理论揭示的一个重要的经济规律，这些年我国经济结构方面存在的问题本质上就是一个比例失衡的问题。比如说，三次产业结构的调整，差不多三个"五年计划"都快过去了，却并没有调整好，原因就是对三次产业的调整一直笼统地停留在"说"与"调"上。客观上，三次产业之间、三次产业各自内部行业之间、企业之间都有一个合比例发展的问题，都有一个生产供给与社会需求平衡的问题。现在强调大力发展第三产业，从安置就业和刺激消费、推进城镇化角度看是对的，但是，第三产业比重的提高，没有第一产业的转化、第二产业的兴盛，是不可能谈得上大幅度提高的，因为第三产业并不只是生活性消费服务需求，还有生产性消费服务的需求，而且还是占比很重的部分。同时，第三产业生活性消费服务，如果没有第一、第二产业劳动生产率及其劳动收入分配水平的不断提高，其消费服务的水平和层次也是必然有限的。也是这样，我们提出了工业化、城镇化、农业现代化"三化"协调科学发展的路子。

再比如，积累与消费的比例。一个时期国民收入的量是一定的，用于积累的比例多了，那么，安置就业、增加工资以及社会保障等方面的比例就会减少。我国正处于农业现代化、工业化、城镇化的加速发展期，所以国民收入中用于积累的部分自然会大一些（我国的积累率多少年来基本上都是在 40%以上），而现实是各地政府使用的积累部分不仅比例较大，还举债突破 20 万亿元搞投资，这一方面使得政府背负上经济风险，更重要的是另一方面，由于缺乏统筹规划，极容易造成国民收入的超分配（有关数据显示，我国 2012 年 GDP 增量为 50 万亿元人民币，按 40%的积累率计算，其中就有 20 万亿元人民币用于了再生产），从而有可能直接打破国民经济比例的平衡，使整个经济社会必然处于波动之中。还要指出的是，因为国民收入分配中积累基金占比大，导致国家和各地没有，也不可能再有更多的资金用于增加工资，用于提高消费水平，从而影响着消费拉动经济的基础性作用。

此外，由于价值与使用价值比例关系长期处于背反的、扭曲的状态，助推了虚拟经济、泡沫经济蔓延无度，实体经济则受到挤压、排斥、边缘化，以至于又出现了人们鄙视劳动、不愿劳动、只讲索取、不讲付出的不劳而获的倾向，整个社会偏向仿造性劳动和重复性劳动的简单再生产过程，而不愿意从事创造性劳动内涵式扩大再生产，导致劳动生产率长期徘徊低迷，这都是需要引起我们认真思考和研讨的。

调中求进，在于谋取调整中达成一个平稳的、合理的经济增长速度。今天的"调"，就不能还是泛泛地停留在只是盯着产业结构方面了，而是要切入整个国民经济结构、经济比例来调，把"调"与"改"联系起来，在全面深化改革中，调经济发展方式，调经济运作思路，调经济体制机制，在调整中跨越前进，在调整中实现稳增长。

中央经济工作会议指出，我国经济运行存在下行压力、部分行业产能过剩问题严重、保障粮食安全难度加大、宏观债务水平持续上升、结构性就业矛盾突出、生态环境恶化、食品药品质量堪忧、社会治安状况不佳等八大迫切问题，针对这些问题，习近平、李克强等中央高层强调了 2014 年经济工作要更加注重统筹协调改革与调控，速度与效益，消费、投资、出口等几大关键关系，"寓改革于调控之中"，"抓好化解产能过剩和实施创新驱动发展"的指导思想。我们仔细品味一下，不难看出，上述问题的发生事实上都是国民经济结构和比例的失衡造成的，而之所以要统筹协调，也是意欲把失衡的比例关系调整过来，回到一个"实现经济发展质量和效益得到提高又不会带来后遗症的速度"上来。

（2014 年 1 月 9 日　原载《学者之见》2014 年第 1 期）

六、对"在加快信息化进程中持续探索走好'两不三新'三化协调科学发展的路子"提法的思考

中共十八大报告把中国特色社会主义道路与工业化、信息化、城镇化、农业现代化相联系，强调"四化"同步发展，这既表明了党对经济社会规律的深刻领悟与务实践行，也反映了河南近三年来探索实施"三化"协调科学发展路子与党和政府的战略思维的一致性。从"三化"到"四化"，一方面突出了现代社会信息的作用，另一方面又明确了信息化与原提的"三化"之间的关系，使我们对于理解"四化"同步发展有了一个更加清晰的认识。但是，把信息化置于"三化"之上，将"三化"纳入信息化之内，值得商榷。

（一）关于信息化的概念与内容

信息化，按照全国科学技术名词审定委员会公布的定义是，新的信息与通信技术普及应用导致的信息传递时空阻碍性的消失，在信息基础设施到达的地方信息可获得性趋同。信息化的概念起源于 20 世纪 60 年代的日本，首先是由日本学者梅棹忠夫提出来的，而后被译成英文传播到西方，西方社会普遍使用"信息社会"和"信息化"的概念是 20 世纪 70 年代后期才开始的。

关于信息化的表述，在中国学术界和政府内部作过较长时间的研讨。有的人认为，信息化就是计算机、通信和网络技术的现代化；有的人认为，信息化就是从物质生产占主导地位的社会向信息产业占主

导地位的社会转变的发展过程；有的人认为，信息化就是从工业社会向信息社会演进的过程，信息化本身就是工业化的产物，是工业化进入新的发展阶段的新的内容形式；等等。

1997 年召开的首届全国信息化工作会议，将信息化和国家信息化定义为："信息化是指培育、发展以智能化工具为代表的新的生产力并使之造福于社会的历史过程。国家信息化就是在国家统一规划和组织下，在农业、工业、科学技术、国防及社会生活各个方面应用现代信息技术，深入开发广泛利用信息资源，加速实现国家现代化进程。"实现信息化就要构筑和完善七个要素（开发利用信息资源、建设国家信息网络、推进信息技术应用、发展信息技术和产业、培育信息化人才、制定和完善信息化政策、信息安全保障）的国家信息化体系（第七个要素是后加的）。

从目前相关研究和政策方面看，信息化一般包括两个内容层次。一是宏观方面，即国民经济信息化和信息化规划与政策。二是微观方面，即强调以现代信息技术带动传统产业改造提升和加快推进企业管理信息化步伐。

（二）关于信息化的几点理论认识

（1）信息化是以信息技术及其应用为内容特征的。著名经济学家林毅夫等就一直认为，信息化就是产业发展及其 IT 技术在相应部门行业的扩散应用。

（2）信息化是一个培养、发展以计算机为主的智能化工具造福于社会的过程。信息专家认为，信息化也就是智能化工具及其应用，它一般具备信息获取、信息传递、信息处理、信息再生、信息利用的功能。

（3）信息化属于科学技术层面的概念。2013 年上半年中国科学院的"第六次科技革命的预测研究"认为，"电子和信息革命是世界科技发生的第五次革命"。也有专家认为，"电子和信息革命"实际上是工业革命的新的特征表现，因此，在信息社会同样应坚持工业化主导，以美国为代表的西方国家最近两年还提出了所谓的"再工业化道路"发展问题。

（三）信息化与"三化"的关系

中共十八大不仅把信息化和工业化、城镇化、农业现代化并列，而且还强调了"四化"同步发展的理念。很显然，一个"同步"揭示了信息化与"三化"的关系。"四化"同步本质是"四化"互动，尽管哪一化都有信息技术应用提升问题。

未来社会是信息化的社会，信息的本质是技术和数据在人类经济社会活动中的应用，信息化意味着对经济社会运行的影响和提升带动，但是这是否就可以说"在推进信息化的过程中促进'三化'协调发展"，还需要在概念、措辞与逻辑上进行认真斟酌。现在说的"在加快信息化进程中持续探索走好'两不三新'、'三化'协调科学发展的路子"，给人的感觉总是如同把劳动对象和劳动手段混淆起来了。实际上，"四化"也好，"三化"也好，它们的内容实体是一致的，讲"四化"，只不过是强调和突出了信息化这个时代特征。因此，我们认为，还是以河南省第九次党代会的提法为好，即以新型城镇化引领、探索走好"两不三新"三化协调科学发展的路子，这样既肯定了河南省人民在省委、省政府领导下的、长期的探索创新与个性发展，也并没有产生与中共十八大阐明的"四化"同步精神和新的理念内涵的不一致性。

（2013 年 1 月 10 日　原载《学者之见》2013 年第 2 期）

七、"河南省'三化'协调、'四化'同步发展中的重点难点问题研讨会"观点综述

把加快工业化、城镇化与推进农业现代化结合起来，努力促进"三化"协调科学发展，是河南省委、省政府近几年来一直着力引导和运作的中心工作。中共十八大提出的"四化"同步发展，在"三化"协调之外又加入了"信息化"的发展目标，即强调要坚持走中国特色的新型工业化、信息化、城镇化和农业现代化道路，推动信息化和工业化深度融合、工业化和城镇化良性互动、城镇化和农业现代化相互协调，促进工业化、信息化、城镇化、农业现代化同步发展。

推进"三化"协调和"四化"同步发展是破解我国经济发展若干重大问题的带有战略性意义的抉择，也是一项复杂的系统工程，必须打破传统思维定式和发展方式，在遵循客观经济规律的基础上结合河南实际，立足当前、着眼未来、科学谋划。学界，包括高校在内的社科研究人员如何融入到"三化"协调、"四化"同步的发展进程，需要理论与实践相结合，研究的选题内容与省委、省政府决策相契合，实实在在地服务于地方经济运行需求。基于此，2013年10月12日，中原经济区"三化"协调发展河南省协同创新中心、河南省经济学学会、河南财经政法大学河南经济研究中心联合主办了"河南省'三化'协调、'四化'同步发展中的重点难点问题研讨会"。来自中原经济区"三化"协调发展河南省协同创新中心、河南省经济学学界，以及河南省委政策研究室、河南省政府研究室、河南省政府发展研究中心、河

南日报社、河南财经政法大学、河南工业大学等专家学者 30 余人与会研讨。现将会议研讨的主要内容观点综述如下，以便继续学习交流。

（一）首要的依然是要调理观念，转变机制

一些专家认为，当前背景形势下，还是要调理观念，理论观念有了，思路路径也就有了，措施办法也就都有了。有专家指出，河南"三化"协调、"四化"同步发展中必须解决好两大思路观念梳理和转变问题。

第一个思路是如何在经济增速放缓、产能过剩的宏观背景下，积极推进针对新的发展阶段的适应性变革。与改革开放至 2008 年这 30 年间的增长阶段相比，目前的发展动力和增长态势已发生显著变化。在经历了 2008 年的经济危机和 2010 年的经济反弹后，目前，"中国的经济增长已进入到一个次高速增长的新阶段"已成为共识。而波及全球的制造业产能过剩更加剧了问题的复杂性。2002~2012 年间，国家钢铁产能、铝产能的持续过剩，导致今天的经济只能处于一种"弱复苏"或反复震荡的问题，也使今天中央希望经济稳回升的目标，以及对传统的要素资源配置模式、机械性增量增长模式、体制机制模式等方面的变革面临诸多困难和不确定因素。显然，我们应当对此进行更加深入的研究。

第二个思路涉及运作层面的战术性问题研究。当河南省在争取进入国家粮食主产区、中原经济区、郑州航空港经济综合实验区建设的三大战略运作层面，以及打造内陆开放高地的战略目标已经确立之后，实际上有关具体战术运作层面的问题还尚未破题。传统发展方式的转换，将不再仅仅依靠简单的加减法去增减某些机制或职能来实现，而是必须使用能够促动化学变化，带来复杂反应的加、减、乘、除法，这些新的发展理念将如何付诸实施，经济发展的要素禀赋条件如何提升，政府管理效能如何改善，省级层面机制创新的空间如何拓展，省域经济体的结构调整方向如何定位，城镇化进程中的城乡发展如何兼顾，信息化对社会经济、工业生产方式的影响作用如何发挥等，这些操作层面的细节化问题应是我们今天必须深入研究的基本方向。有专家指出，现在要研究的是具体经济运行的"牛鼻子"、切入点问题，特别应注意从这几年实践中的一些典型案例研究入手，做实证性利弊分析，提出实践证明是行之有效的方式方法和政策取向。

有专家分析，"三化"协调的提出就是要解决好中央对于河南粮食大省的定位与河南经济发展诉求之间的矛盾，实现河南富民强省与保障国家粮食安全的双赢。"三化"协调暗含着要实现兼顾的意味，是要探索如何在不威胁粮食安全、不跨越耕地红线的前提下实现工业化与城镇化发展。工业化、城镇化是河南富民强省的根本。但在未来的工业发展和城镇建设过程中，如何把握好政府职能与市场机制的关系，在政府管制范围方面，哪些领域政府可以管，哪些领域政府不要管，哪些问题政府现在可以管，哪些问题政府以后不要管；在政府管制方式方面，应实行条条指挥还是块块指挥；在政府管制手段方面，如何在产能过剩背景下有效引导产业集聚，如何在不悖于市场作用机制的前提下正确引导民间投资的方向。这些要害问题，是进一步深入研究的重点。

（二）重要的依然是发挥政府、市场两个积极性

有专家指出，"三化"协调，尤其是城镇化与农业现代化的突破口在于农民工市民化和土地流转、土地复耕问题的真正解决。在河南破解"三化"协调难题，大力推进城镇化的过程中，既不能脱离实际，学一些地方建鬼城，也不能大干快上，学一些地方盲目建设这"圈"那"圈"。河南的城镇化与国家、与长三角、与一些省市比不得，必须要因地制宜、稳步推进，既要中心城市带动，也要县域城区拓展；既要坚持中央"大、中、小城市并举"的指导思想，又要坚持政府宏观

引导、市场积极作为，特别是注重把城镇化发展同产业支撑、产城融合连接起来，探索走一条市场调节城镇化发展的路子。一些专家就此也认为，2008年以来，省委、省政府推行的"一个载体、三个体系"还应坚持下来，因为实践证明这对河南经济不仅仅是一种整合、提升，而且已经形成了国家三大战略在河南实施的物质力量，眼下的问题是要深入研究产业集聚区建设质量及其对三个体系发展的影响带动作用。专家们指出，河南的新型城镇化建设任重道远，当前要研究如何防治城市病、建设生态城，城镇基础设施建设的资金来源、建设用地如何解决，农业现代化的经营体制如何选择，农业规模经营的现场管理、金融"瓶颈"问题如何破解，这些问题都需要从"三化"协调、"四化"同步的长远、宏观和系统角度，去探索可操作的具体政策、方式、步骤。

有专家指出，"三化"协调中城镇化的核心在于"化"农民，实现农民市民化。但"化"的方式，可用"勇于担当，顺势而为"这八字方针来概括。推进新型城镇化，这是社会责任，要勇于担当；谋划政策导向，以经济利益诱导部分农民经营高效农业，使大量农业劳动力从第一产业转移进入第二、第三产业，则是顺势而为。

有专家认为，"三化"协调发展，必须遵循"最小和最大"的经济效益原则，应反思新型农业社区的做法。有关方面数据表明，农村剩余劳动力向县城区转移，需要财政投入的基础设施建设资金约为人均1万元，而如果农村剩余劳动力向新型农村社区转移，所需的财政投入约为人均10万元。所以，新型农村社区作为一种选择，可以在有条件的地区尝试，但是大面积推广，就一定要算经济账，要有投入产出分析。

有专家指出，家庭农场是农业现代化的未来发展方向。由于农业生产的监督成本过高，多环节操作的责任难以划分，因此世界上有90%以上的国家以家庭为单位经营农业。目前，河南省内有工商注册的家庭农场大约 3000 个。家庭农场的经营规模是 50~200 亩，这一规模水平超越了小家庭人力劳作的经营能力，又达不到开展大规模、机械化作业的标准，因此正适合于家庭农场的运作模式。河南农业未来的发展，还要在家庭农场的基础上，实现集群化产业链延伸。而集群的规模是否会成为影响农业现代化的决定性因素，这一问题还有待进一步的推敲。美国以大量的产前、产中和产后专业化服务公司为支撑的大农场运营模式并不一定符合河南的省情特点，简单照搬美国那一套需谨慎。

（三）必要的依然是决策与政策的顶层设计应有规范的程序性论证

与会专家认为，一个国家或地区经济社会发展，既在于未雨绸缪，科学规划，更在于社会评价、专家论证，实施政府责任制。河南这些年发展很快，成绩斐然，令世人瞩目。但是一些方面，如工业化的地位及对工业化与信息化融合的轻视，新型农村社区的大范围、普遍性推广，单纯追求城镇化率，忽略产业支撑，随意拉大城市框架等。有专家指出，一些专家一味为河南省委、省政府图解释义现行做法的所谓研究是不能彰显理论应用价值的，也是有害于省委、省政府高层决策的。决策部门更需要的是策划短中期内政策路径的可操作性研究和谋划未来目标的前瞻性研究。比如，预先研究河南人口流动趋势的长期规律，应成为新型城镇化系列政策出台的前奏。在当前的河南，一个农村劳动力转移进城，将带动 1.5~1.6 人随同转移进城，在掌握这一基本规律的基础上，高层关于农业转移人口市民化的规划政策才能有的放矢和收到效益。

有专家还指出，学术研究、应用政策研究，都应该是前瞻性的。比如，学界应认真研究航空港经济区未来 50~100 年的发展战略定位问题，研究信息化对于河南产业发展、城市化推进、城乡关系的长远影响问题，研究信息化背景下的城市功能演化问题，研究从空间到要素、产业，再到平台、政策的"四化"同步协调过程，研究中原崛起的支点问题，研究经济活动中利益主体自由选择权的获取和行使能力问题等。

有专家也指出，不同的国家、不同的地区，在不同的时期，经历相同或相似的发展阶段，学者们必须发挥理论优势，通过对历史的考察、对现实的关注，从理念的层面，以实践调研为依据，为决策的科学化做出贡献，进行真正具有历史价值的应用性理论研究。

（2013 年 10 月 13 日 原载《学者之见》2013 年第 15 期）

八、河南省产业集聚区战略举措的形成与实践述要

——基于 2008 年郭庚茂在河南各地调研的谈话

在最近召开的《全省重点项目暨产业集聚区建设工作会议》上，省委书记郭庚茂指出，经过全省上下的共同努力，产业集聚区建设取得明显成效，已成为全省经济特别是县域经济的增长极，转变发展方式、实现科学发展的突破口，招商引资的主平台，农民转移就业的主阵地，改革创新的示范区，在推动经济社会发展和现代化建设、加快中原崛起河南振兴方面的重要作用日渐凸显。实践证明，我们把产业集聚区建设作为事关全局的重大举措、作为推动科学发展的重要抓手，决策是正确的，工作是有效的，要坚定不移、全力推进。

河南省长谢伏瞻也充分肯定了河南省产业集聚区发展取得的显著成绩。他指出，短短几年，河南产业集聚区从无到有、从小到大，从重点突破到带动全局，不仅在河南省应对国际金融危机冲击中发挥了关键性作用，而且正在日益成为新时期河南加快发展、科学发展、转型发展的综合载体和突出亮点。实践证明，河南省委、省政府把建设产业集聚区作为带动全局的重大战略举措，符合科学发展观要求，符合经济发展规律，符合河南实际。

河南省产业集聚区的建设，经过 2008 年的酝酿、起步，2009 年的规划论证，发展到今天，产业集聚区多数市县和多数产业集聚区不仅已经具备了相当基础，并且到了发挥更大作用的新阶段。因此，郭庚茂提出，当前和今后一个时期，产业集聚区建设的主要任务，是要

完善功能、提升水平，进一步增强吸纳和竞争能力，向更大规模、更高水平、更好质量迈进，有力带动新型工业化和新型城镇化，促进"三化"协调"四化"同步，在中原经济区建设中发挥更大支撑引导作用。

如何完善？如何提升？如何增强？从而使产业集聚区"向更大规模、更高水平、更好质量迈进，有力带动新型工业化和新型城镇化，促进'三化'协调'四化'同步，在中原经济区建设中发挥更大支撑引导作用"，既有应对新形势、新任务"瞻前"之研讨的含义，也有总结过去时、过程中"顾后"之梳理的内容。"瞻前顾后"是分不开的，要想提高"瞻前"的科学性，就必须认识到"顾后"的客观性。比如，产业集聚区提出的时间背景，产业集聚区的初衷设想，产业集聚区的内容定位，产业集聚区的运营机制，以及产业集聚区与中原经济区、与国家粮食核心区、与航空港经济综合试验区的战略推进等，如果我们对此不能够从理论上厘清并深刻认识，也就很难真正地去谈下一步的"完善"、"提升"、"增强"，更不要说"发挥更大支撑引导作用"了。

众所周知，产业集聚区是郭庚茂 2008 年 4 月调任河南到各地调研过程中提出并组织实践的。尽管河南、河北毗邻两省之间有许多相同之处，但他依然深入一线，认真走访，调研交流，思路碰撞。据不完全统计，在 2008 年不到九个月的时间里，郭庚茂遍访全省 18 个地市，加之各种会议以及与高层领导会见，接受媒体访谈等，述及产业集聚区方面的就有 60 多次。经过细致的酝酿、沟通，全省上下达成共识，并迅即上升为省委、省政府的加快河南经济结构调整、转变经济发展方式、扩大对外开放和改革创新的战略举措。到 2009 年中期，全省已经建成产业集聚区 186 个，覆盖全省每一个县区。我们把 2008 年这一阶段称为产业集聚区战略举措的酝酿和抉择期，并试图依次将酝酿和实践的过程作为研究对象，给出河南省产业集聚区战略举措形成的思路脉络、理论认知和基本的内容概述。

（一）产业集聚区提出的时间背景

2008年5月16日，郭庚茂在漯河调研时提请大家"要深入研究开放和改革创新问题"。要研究如何"大力实施中心城市带动战略，推进产业向园区集中，园区向城镇集中，人口向城镇和中心村集中"。郭庚茂是在此一个月前的2008年4月15日从省会郑州调研开始他的认知河南之旅的，这时他还没有提出产业集聚区的完整概念，但是他强调了要把改革开放、创新思路与探寻新的经济增长极紧密联系起来，要求认真地、深入地研究开放和改革创新问题、中心城市带动战略问题、产业与城市的关系，从而提升城市的产业吸纳力和承载力、增强实现跨越式发展的城市支撑能力问题、构建现代产业体系问题等，并在与大家的接触中交流了关于市场竞争、产业集聚、产业集群理论问题。我们可以通过郭庚茂在平顶山、郑州、濮阳、安阳等地市的调研谈话认识这一点。

2008年5月28日，郭庚茂在平顶山调研时指出，"产业是实现跨越发展的基础，是实现经济社会目标的基石，在市场经济，特别是全球化背景下，要重点发展符合本地实际的特色主导产业，建立自己的战略主导产业。从当前看，重点要培育壮大综合配套能力强、技术水平高、节能降耗效果好的产业集群"。

2008年6月22日至23日，郭庚茂在驻马店调研时强调，驻马店作为一个发展中的农业大市，"要切实抓好产业这个基石，加快产业、人口集聚；要根据驻马店的发展条件，抓紧研究规划城镇发展体系；要进一步提高城镇化建设和管理水平，不断提高城镇的产业聚集、人口转移的承载力和对外招商引资的竞争力、吸纳力"。

2008年6月23日至24日，郭庚茂在周口调研时指出，作为传统农区，"经济发展相对落后地区，要抢抓机遇，利用各种优势条件，努力打造后发优势。形成后发优势，关键要科学发展。少走弯路就是赶超，科学发展就是跨越"。"按照现代竞争特点确立产业形态。要大力建设现代产业体系，提高产业的配套协作能力，延长产业链；要努力建设产业集聚区和产业园区，形成聚集优势，降低公共成本"。这是郭庚茂第一次完整地提出产业集聚区的概念，但这个概念是与原有的产业园区概念融合在一起的，一是要承认原有产业园区这个前人发展的基础，把产业集聚区建设置于产业园区的起点上；二是寻求在新形势下提升产业园区的层级，尝试立意于现代产业组织理论引导产业集聚，建设产业集聚区；三是把产业集聚区与产业园区融合，便于大家实现产业经济思维模式的承传和创新，有利于保持河南经济平稳运行。此后，郭庚茂的调研讲话基本上就是以产业集聚区为主导和主线的。

2008 年 6 月 24 日至 25 日，郭庚茂在商丘调研时强调，商丘要"提升城市水平，提高承载能力。要把加快城市化放到活跃全局的位置来抓，不断提高城市规划的境界与水平。要紧紧抓住产业聚集这一中心环节，为城市化提供产业支撑"。

2008 年 7 月 21 日至 22 日，郭庚茂在"河南省委八届八次全会"上强调，要解放思想，以开放带动全局，"积极稳妥推进城镇化，规划、构建合理的城镇体系，强化城市产业支撑，提高城镇建管水平；加强基础设施和基础产业建设，增强后续支撑能力"。

2008 年 11 月 20 日，郭庚茂在"省委、省政府加快中原城市群、郑汴一体化发展，建设城乡统筹改革发展试验区会议"上指出，"产业集聚发展是城市最基础、最核心的环节，产业的发展必须有载体、有土地，在进行城镇体系总体规划和土地利用总体规划修编时，必须把产业集聚区规划好"。

2008 年 12 月 3 日，郭庚茂在听取郑州市城市总体规划汇报时指出，"要突出发挥郑州的向心力作用，搞好交通体系、城镇体系和产业集聚区建设，培育新的经济增长点"，"要从产业集聚区抓起，循序渐进，呈'串珠式'发展"。

可以看出，河南省产业集聚区战略举措的构想和实施，是基于省内外、国内外形势背景，特别是河南省对外开放、改革创新，工业化、城镇化、农业现代化"三化"协调发展现实提出来的，是经过认真的调研、酝酿、交流、碰撞做出的一个重大抉择。实践出真知，实践是检验真理的唯一标准，实践孕育并证明了河南省委、省政府高层关于产业集聚区战略举措的现实性、科学性。

（二）产业集聚区的初衷设想

河南经济总量居全国第五位，但是经济结构不合理，散、乱、差、粗的发展与现代经济，特别是与现代产业组织几乎呈背反状态，如何按照现代产业组织构建新的产业业态，适应和助推中原经济区的建设，以期在新产业架构运行中实现河南经济的重组再造、跨越发展，无疑成为河南省委、省政府高层领导思考最多、酝酿最长、决心最大的课题，也是实践给予河南省委、省政府高层领导们提出的一篇命题作文。围绕这一主题，河南省委、省政府主要领导通过认真调研、走访、交流，看到了前任们的不懈努力和积极作为，看到了自己如何在原有的各种产业园区的基础上继续提升的潜力，看到了按照现代产业组织原理，引导产业集聚和产业集群，从一般产业园区迈向产业集聚区的希望。换一句话说，就是河南省委、省政府高层决策者要尝试打造河南经济运行的新的平台，在新的起点上做出河南产业空间结构的新的规划与部署，让产业集聚区成为工业兴省、中心城市带动、农业现代化的新的基本增长极。关于这一点，我们可以通过郭庚茂的许多调研谈话进一步认识。

2008 年 4 月 15 日，郭庚茂到郑州市调研，在走访、考察和听取汇报后提出，"要研究进一步强化城市产业支撑，着力培育汽车、现代物流、文化等优势产业和产业集群，创造更多的就业机会，提高城市综合实力和竞争力"。

2008 年 5 月 14 日，继赴信阳等地市调研之后，郭庚茂又一次来到新乡市调研。他强调大家要认清形势做好工作努力保持经济社会发展良好态势，特别是要深入研究"加快实施中心城市带动战略，增强发展后劲，进一步提升综合竞争实力"问题。

2008 年 5 月 16 日，郭庚茂在漯河调研时指出，"要发挥比较优势，大力发展特色主导产业，为转移农村富余劳动力和城市化奠定基础。要培育一批大型企业和品牌，提升经济发展水平"。郭庚茂特别强调"要大力实施中心城市带动战略，推进产业向园区集中，园区向城镇集中，人口向城镇和中心村集中"。

2008 年 5 月 27 日，郭庚茂在许昌市调研时要求，把产业集聚区的建设同"深入研究中心城市带动问题，坚持城乡统筹，以城带乡；要深入研究深化改革开放问题，着力培育市场主体，完善市场体系，转变政府职能"结合起来，提高认识。

2008 年 5 月 29 日，郭庚茂在"全省对外开放工作会议"上指出，"要'筑巢引凤'，打造载体，强化中原城市群和各中心城市的开放带动作用，发挥各类开发区、产业园区的聚集效应，精心打造一批有影响的会展品牌，增强吸引力、承载力和竞争力"。

2008 年 6 月 4 日，郭庚茂在濮阳市调研时又强调，"要提高城市建设与管理水平，提升城市品位，打造城市品牌，注重城乡统筹发展，提升城市的产业吸纳力和承载力，增强实现跨越式发展的城市支撑能力"。

2008 年 6 月 18 日，郭庚茂在安阳调研时着重强调，"要合理布局、统筹城乡发展，坚持实施中心城市带动战略，加强城市建设和管理，推动产业向园区集中、园区向城镇集中、农村劳动力向城镇转移，加快城镇化进程"。

2008 年 6 月 22 日至 23 日，郭庚茂在驻马店调研时强调，驻马店作为一个发展中的农业大市，"要深入贯彻落实科学发展观，积极转变经济发展方式，坚持走新型工业化道路"，"要按照市场规律选好自己的产业发展重点，尽快建立驻马店市发展的产业战略支撑。选择产业重点，形成产业集群，推进循环发展，是落实科学发展观的具体体现，一定要深入研究，抓紧抓好"。

2008年6月23日至24日，郭庚茂在周口调研时指出，"要把城镇化放到全局的位置来抓，以此为资源的合理配置创造条件，为招商引资和产业集聚提供载体，为扩大就业、提高人民生活水平、实现人的全面发展提供支撑。同时要坚持正确的城镇化发展道路，要以产业聚集的程度、规模大小决定城镇发展的进程。要加强城市规划，不断提高城市品位，完善功能，加强管理，为经济社会发展，特别是为扩大开放创造条件"。

2008年6月24日至25日，郭庚茂在商丘调研时强调，"要紧紧抓住产业聚集这一中心环节，为城市化提供产业支撑"，"要注意运用先进的方式方法，借鉴国内外先进成果，对城市规划、产业规划、重大项目等进行谋划"。

2008年7月4日至5日，郭庚茂在三门峡市调研时强调，"要注重工业化和城镇化协调推进……要以产业集聚为基础把握好城市扩张的节奏，运用国内外智力高水平搞好城市建设规划，着眼城乡统筹建立健全城镇体系，合理布局城市空间，建设紧凑型城市"。

2008年12月3日，郭庚茂在听取郑州市城市总体规划汇报时指出，"在规划中要突出发挥郑州的向心力作用，搞好交通体系、城镇体系和产业集聚区建设，培育新的经济增长点"，"要坚持集约、节约用地，规划好产业集聚区和产业结构"。

2008年12月22日至23日，郭庚茂在"河南省委八届九次全体会议"上强调，要"着力调结构、促转型，为加快中原崛起构筑发展基础。着眼长远发展，把扩需求、保增长与调结构、促转型有机结合起来，集中要素资源配置，加快构建现代产业体系，推动工业主导产业升级，加快发展高新技术产业，大力发展服务业；加快构建现代城镇体系，大力实施中心城市带动战略，扎实推进城乡区域一体化发展；加快构建自主创新体系；大力发展产业集聚区"。

综述以上郭庚茂调研讲话，我们可以认识到河南省产业集聚区战略举措的思路是清晰的，其初衷设想就是通过建设产业集聚区，协调好"三化"的关系，为资源的合理配置创造条件，为招商引资和产业集聚提供载体，为扩大就业、提高人民生活水平、实现人的全面发展提供支撑，提高城市建设与管理水平，进一步优化发展环境，不断增强城市吸引力、承载力和竞争力。

（三）产业集聚区的内容定位

在持续的调研中，郭庚茂立足河南各地市的区情特点，反复强调"要深入研究培育、建立战略支撑产业的问题"，并把战略支撑产业的培育、建立，与产业集聚区的建设及其评价联系起来，不仅鲜明地区分出产业集聚区和原来的一般产业园区的差别，而且明白无误地表达了产业集聚区的内容特征，即"立足本地优势，选择竞争性最强、成长性最好、关联度最高的产业，加快培育，做大做强"。还依次提出了以产业集聚区建设为载体，构建培育现代产业体系、构建合理的城镇发展体系、构建和培育自主创新体系的河南经济运行的新构架。几年来的实践证明，这一思路不仅符合河南经济实际，而且也符合科学发展观，正是产业集聚区的建设运营，支撑着近几年河南经济稳步向前。

2008 年 5 月 20 日至 22 日，郭庚茂在洛阳调研时明确提出，"要重视战略规划，有广阔视野，有前瞻性和可行性，扶持最具竞争力、最具成长性、最具关联性的战略产业发展"，"要提高城市建设与管理水平，进一步优化发展环境，不断增强城市吸引力、承载力和竞争力"。

2008 年 5 月 27 日，郭庚茂在许昌市调研时要求，"要深入研究战略产业支撑问题，特别是要立足本地优势，选择竞争性最强、成长性最好、关联度最高的产业，加快培育，做大做强"。

2008年6月3日，郭庚茂在鹤壁市调研时强调，"要着眼于全局性、根本性、长远性问题，深入研究战略支撑产业，深入研究农业生产和农民增收，深入研究中心城市带动，深入研究改革开放创新，深入研究民生改善和社会稳定，发现问题、研究问题、破解难题，努力实现经济社会发展新跨越"。

2008年6月4日，郭庚茂在濮阳市调研时强调，"要科学决策，抓住关键，着力培育壮大战略支撑产业。要发挥产业、人才、技术等优势，适时调整产业发展方向，延伸产业链条，推动战略性重组，在石化、煤化、盐化'三化'链接组合方面做好文章、做足文章"。

2008年6月19日，郭庚茂在焦作市调研时强调，"要深入研究战略产业支撑问题，努力构建现代产业体系。要通过抓好龙头、配套延伸、完善体系、健全功能，大力培育综合配套能力强、技术水平高、节能降耗效果好的战略产业。要结合自身产业基础和资源禀赋，从能源化工、有色金属、机械装备、食品加工、山水旅游等产业培育方面加快资源型城市转型步伐。要处理好工业化和城镇化的关系，强化产业支撑，以产业集聚带动人口集中，创造更多的就业岗位，增强城市的吸纳力、承载力、竞争力"。

2008年6月22日至23日，郭庚茂在驻马店调研时强调，"要切实抓好产业这个基石，加快产业、人口集聚；要根据驻马店的发展条件，抓紧研究规划城镇发展体系；要进一步提高城镇化建设和管理水平，不断提高城镇的产业聚集、人口转移的承载力和对外招商引资的竞争力、吸纳力"，"要按照市场规律选好自己的产业发展重点，尽快建立驻马店市发展的产业战略支撑"，"选择产业重点，形成产业集群，推进循环发展，是落实科学发展观的具体体现，一定要深入研究，抓紧抓好"。

2008 年 6 月 23 日至 24 日，郭庚茂在周口调研时指出，"作为传统农区，要从实际出发，把加快工业化、城镇化和农业现代化进程作为当前一个阶段的突出任务和紧迫课题。要坚持以工业为主导，通过突破工业来带动农业，扩大工业规模，为服务业的发展创造条件，努力实现第一、第二、第三产业协调发展。要加快城镇化的进程。要把城镇化放到全局的位置来抓，以此为资源的合理配置创造条件，为招商引资和产业集聚提供载体，为扩大就业、提高人民生活水平、实现人的全面发展提供支撑。同时要坚持正确的城镇化发展道路，要以产业聚集的程度、规模大小决定城镇发展的进程"，"当前实现科学发展要着重抓住三个关键环节：一是按照市场规律建立自己的产业支撑，要选择最具竞争力、最具成长性、最具关联性的产业。周口要充分利用生物资源的优势，大力发展食品工业等。二是按照现代竞争特点确立产业形态。要大力建设现代产业体系，提高产业的配套协作能力，延长产业链；要努力建设产业集聚区和产业园区，形成聚集优势，降低公共成本。三是利用循环经济的模式，坚持走节约、集约、循环、保护发展之路"。

2008 年 6 月 24 日至 25 日，郭庚茂在商丘调研时强调，要"提升产业水平，加快产业集群培育。要注重培育有自己特色的主导产业，要选择最具竞争力、最具成长性、最具关联性的产业，使之形成产业集群，进而形成一种现代产业体系"，"要紧紧抓住产业聚集这一中心环节，为城市化提供产业支撑"。

2008 年 6 月 30 日至 7 月 1 日，郭庚茂在济源市调研时再次强调，"要加快产业结构升级改造，率先打造现代产业体系。要选择竞争力强、成长性好、关联度高的产业重点发展，着力壮大能源化工、铅锌冶炼、钢铁生产、文化旅游等特色优势产业，提高综合配套能力，延伸产业链条，逐步形成工艺技术先进、抗风险能力强的产业集群"。

2008 年 7 月 4 日至 5 日，郭庚茂在三门峡市调研时指出，"一要做大做强主导产业，强化战略产业支撑。要加快产业结构调整，努力向高端产品、精深加工环节和新领域延伸产业链条；提高工艺技术水平，注重吸引人才和技术创新；加大资源整合和综合利用力度，走循环发展、集约发展之路；加强节能减排工作，严格保护环境。二要加快城镇化进程，建设环境优美的宜居城市。要注重工业化和城镇化协调推进，以城镇化推动资源的合理集约配置，为生产发展、生活改善提供良好条件和载体。要以产业集聚为基础把握好城市扩张的节奏，运用国内外智力高水平搞好城市建设规划，着眼城乡统筹建立健全城镇体系，合理布局城市空间，建设紧凑型城市"。

2008年10月18日，郭庚茂在开封调研时进一步明确指出，"地方政府要充分发挥引导作用，重视战略规划，选择最具竞争力、最具成长性、最具关联性的战略支撑产业作为地方经济发展的引擎，推动工业化和城镇化协调发展"。

2008年12月17日，郭庚茂在新乡市调研时再一次指出，"研究抓好'一个载体、培育三大体系'，即以产业集聚区建设为载体，构建培育现代产业体系、构建合理的城镇发展体系、构建和培育自主创新体系，为实现中原崛起打好基础"。

2008年12月24日，郭庚茂在全省土地利用、城乡和产业集聚区规划工作会议上提请各地，一定要"坚持协调性科学性前瞻性原则，编制实施好'三个规划'，努力推动'三大体系、一个载体'建设"。郭庚茂强调，"实现新的跨越，必须以'三大体系、一个载体'的建设为途径破解资源环境'瓶颈'制约；实现新的跨越，必须以'三大体系、一个载体'建设为支撑创造有利于企业生存发展的环境条件和市场条件；实现新的跨越，必须以'三大体系、一个载体'建设为抓手着力创造和扩大市场需求"。

（四）产业集聚区的运作机制

亦如郭庚茂指出的，以产业集聚区为重要载体，加快构建现代城镇体系、现代产业体系和自主创新体系既是实现河南省经济社会新跨越、新崛起的战略支撑点，也是河南省委、省政府从发展生产力角度提出的重大战略举措。可见产业集聚区在河南经济发展、河南高层决策层面的战略意义和重要地位。如何实现产业集聚区的定位目标，如何科学地建构产业集聚区，实践运作机制是关键。郭庚茂的思路就是发挥政府与市场"两只手"作用，抓住"项目"这个"牛鼻子"，实施项目带动发展。

2008年5月16日，郭庚茂在漯河调研时说，围绕产业集聚区建设，"要深入研究开放和改革创新问题。要进一步扩大开放，利用好国内、国际两个市场和两种资源加快发展。要通过改革消除发展的体制障碍。要抓住项目带动这一发展的'牛鼻子'，提高项目策划水平，创新引资载体，营造良好服务环境，调动企业和各方面抓项目的积极性"。

2008年5月20日至22日，郭庚茂在洛阳调研时强调，"经济发展、社会进步、民生改善最终都要落到办实事、抓项目上，要把重点项目建设作为经济发展的关键环节抓紧抓好、抓出成效"。"要重视战略规划，有广阔视野，有前瞻性和可行性，扶持最具竞争力、最具成长性、最具关联性的战略产业发展。要提高项目谋划水平，积极寻求战略合作伙伴，提高项目实施质量和成效，实现互利双赢、共同发展"。

2008年5月27日，郭庚茂在许昌调研时要求，"要努力扩大开放，着力抓好重点项目建设。要推进开放向更大规模、更高水平发展，提高利用外资的质量和水平；要把重点项目建设作为推动全省经济社会又好又快发展的关键环节来抓，通过项目实施带动改革、促进发展、改善民生"。

2008年6月18日，郭庚茂在安阳调研时强调，"要以重点项目建设为抓手，进一步提高对外开放水平，通过开放引进项目、资金、技术、人才，破解'瓶颈'约束，保持当前经济发展的良好势头"。

2008年6月19日，郭庚茂在焦作调研时强调，"要通过开放促进观念转变，促进视野开阔，促进思路更新，促进改革创新。要贯彻落实好全省开放工作会议精神，以开放推进重点项目建设，以开放促进经济实现又好又快发展"。郭庚茂还就具体运作的思路对策谈了自己的看法，他说，构建现代产业体系，"要通过抓好龙头，配套延伸，完善体系，健全功能，大力培育综合配套能力强、技术水平高、节能降耗效果好的战略产业。要结合自身产业基础和资源禀赋，从能源化工、有色金属、机械装备、食品加工、山水旅游等产业培育方面加快资源型城市转型步伐"。

2008年6月22日至23日，郭庚茂在驻马店调研时指出，"驻马店作为一个发展中的农业大市，要抢抓机遇，科学发展，加快工业化、城镇化和农业现代化发展步伐"。"要深入贯彻落实科学发展观，积极转变经济发展方式，坚持走新型工业化道路"。"要按照市场规律选好自己的产业发展重点，尽快建立驻马店市发展的产业战略支撑"。"要依托一批大项目积极发展化工业尤其是煤化工业；要精心扶持改装车产业发展，帮助迅速形成规模，占领市场，加大招商力度，积极引进配套产业"。"在市场经济条件下，必须要按照现代竞争的特点来发展自己的产业，形成纵向链接、横向配套、创新研发、网络覆盖的产业体系。要按照循环经济要求确立发展方式，做到集约、节约、循环、保护，实现可持续发展。他强调指出，选择产业重点，形成产业集群，推进循环发展，是落实科学发展观的具体体现，一定要深入研究，抓紧抓好"。

2008年6月23日至24日，郭庚茂在周口调研时指出，作为传统农区，"经济发展相对落后地区，要抢抓机遇，利用各种优势条件，努力打造后发优势。形成后发优势，关键要科学发展。少走弯路就是赶超，科学发展就是跨越"，"照现代竞争特点确立产业形态。要大力建设现代产业体系，提高产业的配套协作能力，延长产业链；要努力建设产业集聚区和产业园区，形成聚集优势，降低公共成本。利用循环经济的模式，坚持走节约、集约、循环、保护发展之路"。

2008 年 6 月 24 日至 25 日，郭庚茂在商丘调研时强调，"要紧紧抓住产业聚集这一中心环节，为城市化提供产业支撑"，"要善于进行战略性谋划，着重研究那些事关全局、事关长远的一些重大举措。要注意运用先进的方式方法，借鉴国内外先进成果，对城市规划、产业规划、重大项目等进行谋划"。

2008 年 7 月 21 日至 22 日，郭庚茂在"河南省八届八次全会"上强调，"以开放带动全局，以项目建设为抓手，促进产业结构优化升级和发展方式转变。积极引进战略投资者，大力推进企业联合重组；以项目为突破口，着力推进产业和产品结构调整；积极稳妥推进城镇化，规划、构建合理的城镇体系，强化城市产业支撑，提高城镇建管水平；加强基础设施和基础产业建设，增强后续支撑能力"。

2008 年 8 月 14 日，郭庚茂在郑州专题调研时指出，"突出抓好重大项目建设，发挥其调整产业结构、保持适度投资拉动的双重作用。要向高端、精品、专业化和深加工方向发展，加快产品结构调整和升级；要对一些事关全局和长远的重大问题进行专题研究，着力破解制约科学发展的体制机制问题"。

2008 年 12 月 24 日，郭庚茂在"全省土地利用、城乡和产业集聚区规划工作会议"上强调指出，"无论是构建现代城镇体系，还是构建现代产业体系和自主创新体系，归根结底必须要落实到空间上、土地上和项目上"。

（本文与河南省社会科学界联合会经济学硕士吴鹏合作

2013 年 6 月 12 日　原载《学者之见》2013 年第 8 期）

九、"河南省工业经济结构升级专题研讨会"观点综述

由河南省社会科学界联合会、中原经济区"三化"协调发展河南省协同创新中心、河南省经济学学会共同主办，河南财经政法大学河南经济研究中心承办的"河南省工业经济结构升级专题研讨会"于2013年9月17日在河南财经政法大学举行。来自河南省发改委、河南省工业和信息化厅、河南省统计局、河南省委政策研究室、河南省政府研究室、河南省政府发展研究中心、河南省社会科学院、郑州大学、河南大学、河南师范大学、河南财经政法大学、郑州航空工业管理学院、洛阳师范学院等单位的专家学者，以及部分地市社科联的同志近50人与会研讨交流。

（一）关于河南工业经济结构升级的形势和要求

河南财经政法大学郭军教授指出，加快河南省工业经济结构升级，既是建立河南现代工业体系的基础前提，也是实现新型工业化，促进"三化"协调、"四化"同步发展的内容要求。改革开放以来，特别是这些年，河南省委、省政府高层决策者非常重视河南工业经济结构升级问题，从"拉长工业短腿"、确立"工业兴省"理念，到变"经济大省"为"工业大省"战略谋划；从强调以产业结构调整为主线、提升河南工业经济层次、追求河南工业经济高级化发展，到立基工业，"大招商"、"招大商"，引进或嫁接世界500强；从传统工业化发展，到新型工业化进取；从散乱的、一般的"工业园区"，到以战略性支撑

产业为主体的"产业集聚区"建设……实际上一直都在努力地梳理着河南工业经济运行的思路定位，而梳理也好，调整也好，其出发点和落足点，亦即河南工业经济运行的基本预期都在于趋向结构升级。统计数据表明，截至2013年8月，河南全省规模以上工业增加值持续保持在两位数增长，尤其是汽车、电子信息、装备制造、食品、轻工、建材六大高成长行业呈现出良好发展态势，足以说明河南工业经济结构调整不仅达到了预期目标，而且正在逐步地、有序地实现着河南工业经济结构的优化升级。郭军强调，目前，河南工业经济运行面临着机遇和挑战。机遇是国家粮食生产核心区、中原经济区、郑州航空港经济综合试验区三大国家战略运作发力，国内外投资者看好河南；挑战是，世界经济复苏缓慢、国内经济曲线向下，特别是省际间经济空间再洗牌，重组区域经济一体化发展新板块，形成产业梯度转移和投资者与地方（引进者）之间、地方与地方之间的竞争博弈，这是我们在继续寻求新形势下加快河南工业经济结构升级时必须注意到的。

河南省政府发展研究中心李政新研究员认为，河南产业结构，尤其是工业经济结构的调整升级迫在眉睫。李政新说，改革开放以来，河南的经济发展取得非常显著的成就，经济总量在全国占据重要的地位，但是河南与中部其他省份的比较优势正在逐步衰退。以郑州与武汉发展为例，到2012年，郑州和武汉GDP的总量相差近3000亿元，郑州与武汉的差距正在拉大。差距在哪儿？差距就在工业经济结构水平上。现在看来，单靠招商引资恐怕并不能使河南建立起完整的工业经济体系，河南工业要实现快速发展，就必须要追求一流，必须紧跟世界工业调整升级的潮流，抢占产业发展的战略制高点。因此，在招商引资过程中，应该从什么都不讲的"全收"，转变到为我所需的、有选择的"非全收"。同时，在工业经济结构升级过程中，要注重招商引资与自主创新相结合，工业经济的载体与主体相结合，工业发展与就业发展相结合，战略性支柱产业与战略性新兴产业相结合，民生产业、财政产业与可持续产业相结合，发挥河南比较优势，增强河南经济，尤其是河南工业经济的竞争力。

（二）关于河南工业经济结构升级的意识和观念

河南大学中原发展研究院赵志亮教授认为，从现在看，推进河南工业经济结构升级应跳出四个意识误区，即一要跳出河南看河南。河南作为全国经济布局的一个重要的省份，其工业经济的发展会受到国家工业布局、宏观调控，包括产业政策、税收等方面的影响，因此，在河南工业经济结构调整升级中，要立足于全国，协调好国家工业经济结构与河南省工业经济结构关系，明确河南工业发展的地域定位。二要跳出政府看政府。工业经济运行有自身的规律，企业和政府的行为必须顺应这个规律，这就要求在河南工业经济结构升级过程中，明晰企业与政府的功能边界，明确政府在工业经济结构调整升级中扮演的角色。三要跳出工业看工业。不能简单地就工业谈工业，要把握河南经济结构全局，既要研究工业内部行业之间的关联与互动性，也要研究工业与农业、与服务业，与城镇化、农业现代化，以及工业与信息业等"三化"协调、"四化"同步的关系，发挥工业经济结构升级对整体经济结构的带动性作用。四要跳出眼前看发展。河南工业经济结构的升级不能仅仅只盯住河南眼前的工业状况，而要着眼于世界工业发展趋势，紧跟世界工业发展潮流。

河南财经政法大学刘美平教授指出，河南经济结构升级面临的最大问题是当前河南工业发展创新力不足。围绕工业结构升级，要积极引进现代高科技工业项目，也要注意河南工业经济创新平台、创新团队的建设。要认真选择基础好、有潜力、创新能力强的研究团队，上升到省级层面，甚至组建由省长亲自负责的工业经济的政产学研联盟基地，精心培育河南自己的工业经济研发平台和队伍，谋求河南工业经济结构依靠自己的创新源持续升级，这才是战略性的。当代中国的体制，河南经济，特别是工业经济的现状，决定了我们必须有自己的工业经济研发平台，有自己的工业经济研发队伍。

郑州航空工业管理学院贺金社教授倡议，树立"河南工业经济结构调整升级要顶天立地"的观念。"顶天"就是要依托郑州航空港经济综合实验区，发展航空工业经济。实现工业经济、航空经济、速度经济的统一；"立地"就是要着眼于国内外资源的开发利用，特别是要立足地方经济社会现实需求，发展科技含量高、附加值高的工业，以工业实体经济带动地方经济。

（三）关于河南工业经济结构升级的环境和措施

《河南日报》理论部孙德中主任认为，一个区域产业结构的发展需要一定的生态环境，河南当前的工业结构体系与生态环境因素影响有关。河南工业经济结构的调整既要发挥政府和市场"两只手"的作用，也要注意政府的职能定位，该由企业通过市场作为的，政府就不要替代包办，否则搞来搞去可能又会回到"企业躺在政府身上，一心找市长，无心跑市场"的、新的政企错位中去。

洛阳师范学院刘玉来教授也认为，当前工业经济运行中，经济杠杆缺乏、行政杠杆过大，影响了工业经济结构的调整升级。从一些地方的招商引资看，政府非常投入，往往起主导的、主体的作用，而企业在招商引资方面则显得被动、无力，过度依赖政府。实际上，作为国民经济的细胞和市场经济主体的企业，更能准确地把握产业发展信息和企业发展方向，怎么招？招什么？什么时间招？完全应该在招商引资中发挥出积极性、主动性、创造性的作用，现在反过来了，这是我们要思考的。

河南省农村信用联社陈益民研究员认为，河南工业经济结构升级所需要的环境支撑首先就是要有充分的金融支持。金融是现代经济的核心，没有丰实的金融后盾，经济结构的升级就是一句空话，金融资本与产业资本，以及技术资本从来都是不可分的。从金融支持地方经济视角看，以人均贷款额度为例，2012年全国该指标是5万元，而河南省仅为2万元，金融对河南工业经济结构升级的影响是不言而喻的，现在重要的是抓紧研究工业经济结构升级和金融业的互动、金融产业如何顺应工业经济结构升级需求、工业经济结构如何取得金融产业支持的问题。

河南省发改委高树印研究员认为，河南省产业结构升级、调整，应从三个方面形成具体的保障性措施：一是有效的知识产权保护，注重技术、知识的创新结合；二是构建区别于传统的、猜忌的诚信型社会；三是建立公平性、竞争性市场环境。高树印强调，增强工业知识产权保护意识，构筑诚信社会里的诚信工业，不仅是有效降低经济社会运行成本的一般规律，也是真正推动工业经济结构升级的一般路径。

河南财经政法大学樊明教授认为，研究河南工业经济结构升级问题，应该对以往河南"五年计划"间产业结构的变化进行分析，梳理河南"五年计划"中产业结构调整目标的效果，深层次分析河南产业结构演变的根本影响因素。樊明说，对一个一个"五年计划"的分析，也就是对以往经济运行的周期性进行比较研究，价值无限，国外政府、国外的经济学家们非常重视这一方面的研究。樊明建议，如果政府或企业力量有限忙不过来，可以委托有关科研单位，如高校、社科研究部门、咨询公司等进行专项研究。

河南省统计局统计科研所金美江所长从智库打造的角度畅谈了工业经济结构升级问题。金美江说，当前我国、我省宏观经济的一些问题往往是由于政府决策缺乏积极的学术支撑，造成了政府直接面对着很多现实问题不能自拔，也由于缺少了学术的缓冲地带，又往往是出现了问题才去想解决问题的办法，即老百姓讲的"按下葫芦浮起瓢"的被动局面。国外经济社会运行中的问题也很多，但它有智库，政府总是借助智库的力量作出决策、化解矛盾。在我国古代就存在言官制度，为政府提供更多的决策预案，从而形成政府决策的缓冲地带，增添了政府决策的科学性和可行性。

河南师范大学任太增教授指出，要明确企业家、市场和政府在产业结构调整中的定位，即到底是谁来主导河南工业经济结构升级？如何保证河南工业经济结构升级规划科学合理？只有把这些问题交给企业家和市场，政府只起一个扶持和引导的作用，才能保证河南工业经济结构升级的效率和效果。樊明等也就此发表了自己的看法，认为一定要对工业经济结构的调整升级与政府的界限进行明晰，科学界定政府在工业经济结构调整升级中的职责。

（四）关于河南工业经济结构升级的目标和方向

河南财经政法大学郭爱民教授认为，工业经济结构升级的研究应该和新型工业化发展研究联系起来，并通过新型工业化的评价指标及其变化，看工业经济结构升级的内容目标与方向。比如新型工业化相比传统工业化，更加注重人力资源的发展，注重可持续性发展，注重比较优势发展，注重生态与环境保护发展等，这就为工业经济升级提供了着力点。再比如，新型工业化的评价指标，包括工业化程度（工业化占有率、消费指标）、工业化升级（技术和产品两个层面）、工业企业效益、工业创新与量化结合程度、资源利用与环境保护、人力资源的开发利用等的变化及其原因分析，都可以成为工业经济结构升级的实践参考依据，从而为工业经济结构升级提供积极的动力与目标方向。

任太增也认为，河南工业经济结构的调整升级，首先要明确其调整升级的方向，要根据河南的比较优势和世界产业发展的趋势，把产业结构升级与河南的比较优势结合起来。

河南省社会科学院龚绍东研究员认为，对于工业经济结构的调整升级，要注重对工业历史背景的研究。当前中国正从传统工业向新型工业转变，还处于工业化中期，但是第三次工业潮流是"革命"性的，信息化正终结着传统工业的发展模式，面对国际经济的新形势，必须有更高的、超时空的眼光来看工业，要深入研究新老产业的生存状况和演变过程，否则"底特律"的今天就会成为我们的明天。龚绍东对未来河南工业经济结构升级持乐观态度，他说，我们的研究发现，河南的工业经济有着悠久的历史，人类最初的工业基地就诞生在河南，正是河南工业的兴盛，铺垫了华夏文明的灿烂坦途。中原崛起、河南振兴，首先是河南工业的振兴。想想前人创造的辉煌，我们没有理由不加快河南工业经济结构升级的步伐，这是我们的责任与使命所在。

郭军从美国"再工业化"战略及其实施提出了工业经济结构升级的方向认识。郭军说，美国"再工业化"战略的实施，是基于21世纪以来，美国整个国家从实体经济脱轨，陷入虚拟经济，制造业等创造国民财富的生产性劳动部门弱化、萎缩，以至于到2007年金融大厦失去物质能量的支撑而坍塌，爆发了金融危机，迫使美国不得不思考与探讨新的经济路径，即以2011年由奥巴马总统提出建立"白宫制造业政策办公室"为标志，开始实施"再工业化"战略。其实"再工业化"战略早在20世纪70年代就提出来了，主要是强调在发达国家，尽管工业化程度已经很高，但依然必须重视工业在国民经济中的地位作用，发挥工业，特别是制造业对整个经济的带动性作用，并且能够不断地随着工业革命的浪潮，实现整个经济社会的跨越与发展。郭军指出，今天我们研究"再工业化"，一方面是要坚持走好新型工业化发展的道路不动摇，另一方面是要从"再工业化"战略实施中，认识"再工业化"与工业经济结构升级的目标预期和方向定位——"再工业化"不是要恢复传统工业，而是要重视和引导工业的发展趋向先进的制造业，包括精密仪器、新能源、新材料、新技术、新工艺等。也就是说，工业经济结构升级，必须要注重面向高附加值、高知识密集度、高级化产品生产，以推进高新的、先进的技术为内容特征的现代工业体系的发展，以减低逐渐增大的来自于资源、生态、环境和人力资本的高成本压力。

(2013 年 9 月 24 日　原载《学者之见》2013 年第 12 期)

十、打造富强河南，把富民强省战略目标变为现实（一）

　　近年来，河南省委、省政府发展河南经济的思路与定位越来越清晰，发展河南经济的战略与战术越来越清晰，发展河南经济的纲与目越来越清晰，正是基于对河南省情、特点的深层把握，坚持发挥优势，扬长避短，统筹规划，寻求稳健的、可持续的发展，造就了河南经济发展的良好势头，并被习近平总书记近日再次考察河南时，肯定为"河南在中部地区崛起中发挥了重要作用，也为未来发展积蓄了更大后劲"。而"富强河南"的提出也恰恰是建筑在经济发展的良好势头及其"积蓄了更大后劲"这一前提条件之上的。"谦受益，满招损"，河南省委、省政府高层没有沉醉、没有止步，因为，亦如习近平总书记语重心长地指出的那样，"实现'两个一百年'奋斗目标，实现中华民族伟大复兴的中国梦需要中原更加出彩"。其实，"富强河南"的实现路径和运作节点，习近平总书记已经为我们作了阐释，这就是他在听取了河南省委、省政府工作汇报后指出的，"希望河南围绕加快转变经济发展方式和提高经济整体素质及竞争力，着力打好四张牌，以发展优势产业为主导推进产业结构优化升级，以构建自主创新体系为主导推进创新驱动发展，以强化基础能力建设为主导推进培育发展新优势，以人为核心推进新型城镇化，着力解决好教育、就业、社会保障、医疗卫生等人民群众的切身利益问题，在拓展更大、更广发展空间的同时，努力让人民过上更好生活"。很显然，习近平总书记的这段话，既是对河南经济过去时的一个总结，也是对河南经济未来时的一个启示，更是对"富强河南"及其实现的一个指导。习近平总书记的讲话，为我们指明了航向，开辟了道路，使打造"富强河南"有了顶天立地的、科学的理论基础和实践遵循。

（一）打造富强河南，让河南经济在新的起点上腾飞

近几年，我省经济高速增长并持续地处于合理区间，全省经济结构、质量、效益、就业等指标项项好于预期。2013年，人均GDP达到34174元，折合约5500美元，标志着河南省经济发展迈上了一个新台阶。按照世界银行的评价标准，河南省人均GDP已进入了中等收入国家和地区的平均水平，这一方面，为实现中原崛起、河南振兴、富民强省和全面建成小康社会的战略目标奠定了坚实基础；另一方面，我们也面临着如何超脱走出"中等收入陷阱"，如何摆脱国内、国际经济不景气影响，如何稳健实现省委、省政府提出的中原崛起、河南振兴、富民强省和全面建成小康社会战略目标的严峻考量。

打造"富强河南"从现时意义看，就是要应对和跨越"中等收入陷阱"。依据世界银行2006年《东亚经济发展报告》对"中等收入陷阱"的定义是，鲜有中等收入国家（地区）的经济体成功的跻身于高收入国家（地区），这些国家（地区）往往陷入了经济增长的停滞期，既无法在工资方面与低收入国家（地区）竞争，又无法在尖端技术研制方面与富裕国家（地区）竞争。许多国家和地区的实践也表明，人均GDP进入中等收入水平后，由于其工业化、城镇化水平低，农业、农村、农民"三农'问题长期得不到解决，此前积淀、潜伏的许多社会问题、结构问题便会引发出来，从而影响、阻滞经济社会发展，或者出现"经济有增长，社会无发展"的"原地打转转"现象。针对这一"陷阱"，国内外经济学家们一致认为，突围或跨越的关键是促进企业创新，增强企业活力，加快产业升级和企业转型，以高新技术含量和专利创造减低企业成本，扩大企业利润。也是在这一背景形势下，

— 68 —

河南省委、省政府审时度势，提出了围绕打造"富强河南"，深入学习贯彻中共十八大和中共十八届三中全会精神，毫不动摇巩固和发展公有制经济，毫不动摇鼓励、支持、引导发展非公有制经济，在探寻发展混合所有制经济过程中，强化企业的市场主体地位，企业发展的外部环境，从推进企业制度创新、体制创新、经营创新、管理创新、技术创新、产品创新等方面出台了一系列相关政策措施，取消和下放了一系列行政权限职能。同时，政府加大企业技术改造力度，以节能降耗和提质增效为着力点，重点推广新产品、新技术、新工艺、新装备，仅 2014 年全省安排的企业技术改造重大项目达 601 个、投资 1663 亿元，全力助推企业在跨越"中等收入陷阱"和打造"富强河南"中发挥积极性、主动性和创造性。

打造"富强河南"、把"富强河南"列居"文明河南、平安河南、美丽河南"四个河南的首位，表明河南省委、省政府高层以大无畏的、果敢的、勇于担当的精神向世人宣示，河南经济已经站立在一个新的起点和高度，河南经济要再来一个"鲤鱼跳龙门"，向着新的目标实现新的腾飞。河南是中国的一个缩影，是全国人口最多的发展中大省，经济社会发展相对滞后仍是不争的事实。统计资料显示，河南省经济总量居全国第五位，但人均财力全国倒数第一；2013 年，河南城镇居民人均可支配收入、农村居民人均纯收入分别为 22398.03 元、8475.34元，是全国平均水平的 83.1%、95.3%；2013 年全省城镇化率为43.8%，落后于全国平均水平 10 个百分点左右，居全国倒数第五，位列中部六省倒数第一；按照国家确定的新的贫困线标准，河南省还有1000 万人口没有脱贫。显然，河南省要赶上全国平均水平、在 2020年与全国同步建成小康社会，任务更为艰巨，必须牢牢抓住发展第一要务，把富民强省作为第一追求，切切实实搞好经济建设，推动经济社会持续健康快速发展。刚刚举办的第八届中国（河南）国际投资贸易洽谈会盛况空前，经济大鳄云集，再次说明河南经济社会发展确实已经站上了新的战略起点，支撑发展的各项条件和体制机制日趋完备，为"富强河南"建设积蓄了势能。亦如大家都深深感受到的，从趋势上看，GDP 增长速度处于合理区间，结构指标、质量效益指标、技术指标、环境生态指标等总体上都好于以往，部分指标高于全国平均水平。全省生产形势持续向好，需求平稳较快增长，结构效益积极变化，全省经济运行实现"稳、升、进、好"。从态势上看，河南的战略地位明显提升，综合优势日益凸显，支撑能力不断增强，发展后劲愈加强劲。从气势上看，全省干部群众自觉围绕中心、服务大局，继续保持了团结奋斗的良好精神状态。实践证明，不论多难的事，只要我们坚持发扬"钉钉子"精神，一锤接着一锤敲，持之以恒、锲而不舍地抓下去，就一定能见到实效。按照河南省委、省政府的指导思想，打造"富强河南"，就是要围绕全面建成小康社会目标，继续走好"两不牺牲、三化协调、四化同步"的科学发展路子，按照"一个载体、三个体系"的工作布局，加快经济结构调整和发展方式转变，努力在更高起点、更高层次上推进富民强省目标进程。

打造"富强河南"，是河南省委、省政府对河南经济的过去、现在、将来发展的重大问题进行认真的、系统的梳理研究基础上所做出的一种抉择和方略，本质上也可以说是在谋求打造河南经济的升级版。自从李克强总理提出"要立足当前、着眼长远，用勇气和智慧推动转型发展，打造中国经济升级版"以来，我们就一直在研讨和酝酿，并拉近河南发展实际，寻思创造河南经济升级版。根据专家的观点，打造经济升级版，实际上就是一个从传统经济增长函数关系上升为新型经济增长函数关系的过程。传统经济增长函数主要依靠资本、资源和劳动投入，升级版的经济增长函数则是主要依靠体制进一步变革和技术进一步创新的新型函数关系。新型经济增长函数关系，是一种需要从简单劳动为主转为技能较高和知识含量较多的复杂劳动为主的函数关系，是一种生活消费引致投资和生产消费引致投资共同发挥拉动作用、自发投资（折旧为基础）为经济增长重要支撑的投资和消费双重驱动的经济发展过程。到目前为止，我国也好、我省也好还没有达到主要依靠生活消费决定投资的发展阶段，还处于生活消费和生产消费共同引致和决定投资的阶段。这是打造经济升级版过程中应认识和把握的一条重要路径。有学者指出，经济升级版的内涵可以直接概括为经济的转型、升级和高质量发展。经济升级版是从外延型增长为主升级为内涵型增长为主的经济发展，是从低劳动成本、低附加值为主升级为知识型劳动和较高附加值为主的技术推动型的经济发展，是从过于依靠外需拉动的速度型增长升级为内需外需协调拉动的高质量经济发展，是从过于依靠投资拉动的速度型增长升级为投资和消费共同拉动、速度和效益有机结合的内生增长型的经济发展，也是升级为资源得到更有效利用、环境得到更好保护的经济发展。如果说，经济升级版是对经济现有版本的继承、发展和升级；那么，打造"富强河南"，意味着对河南经济现有版本的改造和升级，即必须从以外延增长为主，以低劳动成本、低原材料价格、低产品附加值、低成长性企业为优势和基础的状态里走出来，从高消耗、高投入、高排放的粗放型经济发展方式里走出来，重组再造新时期的新的河南经济。应当指出，河南经济升级版的打造，实际上在郑州航空港经济综合实验区上升为国家战略、其规划编制、启动实施之际就已经开始了，以郑州航空港经济综合实验区为标志，河南经济升级版已经跃然中原神州，成为河南经济的一个里程碑和大转折。

打造"富强河南"，是河南高层决策者对河南未来经济社会发展的又一次理性的、科学的再定位。近几年，河南省委、省政府制定了一系列重大发展战略，如提出了"2020年1亿河南人民迈入全面小康社会"的工作要求；确定了"中原崛起、河南振兴、富民强省"的总体目标；完成了粮食生产核心区、中原经济区、郑州航空港经济综合实验区的战略谋划并推动其上升为国家战略规划层面；在产业转型升级、新型城镇化建设、文化强省、生态建设等方面出台了一系列重大措施，力求使河南的综合经济实力、人民生活水平和现代化建设再上一个大台阶。但是，未来河南究竟以什么样的形象、姿态屹立于中部地区、展现在全国面前，需要有大手笔、大气魄、大思路、大视野。郭庚茂同志提出的打造"富强河南、文明河南、平安河南、美丽河南"，就是在总结、梳理河南发展战略，展望未来发展趋势的基础上，使河南的战略定位更加清晰，发展目标更加明确，发展路子更加科学。打造"富强河南"及"四个河南"的整体建设，全面、真实、鲜明地概括了河南省委、省政府新的战略指向，真实反映了1亿河南人民的美好期待，必将成为全省上下共同奋斗的精神砥砺。

（二）打造富强河南的理论维度

"富强河南"，不仅是"文明河南、平安河南、美丽河南"的物质基础，成就着整个"四个河南"的实现，而且，"富强河南"及"四个河南"的凝练和表达，还是河南省委、省政府在贯彻落实中共十八大和中共十八届三中全会精神、推进"中原崛起、河南振兴、富民强省"的宏伟实践中，关于河南经济发展理论的丰富与完善，河南经济运行实践的总结与升华。

打造"富强河南"，首先是要科学认识它的理论内涵和外延。引经据典，富强的一般解释是：富足而强盛，即指一个国家或是地区财富充裕，力量强大，人民生活富足。打造富强国家或是富强地区，自古以来就是一种愿望动能，一种人们以发展经济为主导走向富足而强盛的效应追求。但是在谁富强，谁先富强的认识上面，则长时间存在分歧。史学家们研究表明，我国自先秦时期开始，就有以国家富强为主、民众富强为辅的法家"富强"路线，和以"民富为先"，强调民富才有国富的儒家"富强"路线之争，这两条路线甚至贯穿中国古代历史的全过程。《管子·形势解》中谈道："主之所以为功者，富强也。故国富兵强，则诸侯服其政，邻敌畏其威。"意思是说，君主之所以为君主，其功绩在于他领导人民创造了发达的经济，又以发达的经济力量支持和形成了强大的军事力量，富足而强盛，国富兵强，诸侯就服从他的政令，邻邦也惧怕他的威力。进入现代，富强与经济创造和经济竞争力几乎成为同义语，尤其是新中国，在共产党的社会主义制度里，国家、人民，国富、民富，国强、民强，从来都是一体的，从来都是不可分的，国家为着人民，人民报效国家，民富国强，国富民强，可谓"民以殷盛，国以富强，百姓乐用，诸侯亲服"。特别是改革开放以来，以人为本，关注民生的意识观念的树立，更是强化和坚持全体国民走"共同富裕"之路，而且不仅是量上的富裕，更是质上的富裕，不仅是物质层面的富裕，还有精神层面的富裕，一种体现人的全面发展的富裕。

我们生活在今天这个时代，国家与国家之间、地区与地区之间，包括省际之间，依然处于"物竞天择，适者生存"的社会进化过程，并将成为一种规律。人们在竞争与博弈中改变着自己的命运，追逐着物质的、精神的满足，达成个人的、区域的、国家的富强。所谓圆梦、复兴、振兴、进步，内在的、外相的，本质上也就是走向富强，中国梦、中原梦，也就是中国富强梦、中原富强梦。从晚清学者们提出"金铁主义"论，呼吁发展工商业，加快经济振兴，经济富民，经济强国，到"天下为公"的"三民主义"论；从"建设一个社会主义强国"，到提出实现"四个现代化"；从明确社会主义本质，走"共同富裕"的路，到中共十八大提出全面建成小康社会，进而建成富强、民主、文明、和谐的社会主义现代化国家，实现中华民族伟大复兴的中国梦；以及河南省提出打造富强河南、文明河南、平安河南、美丽河南"四个河南"，人们始终把追求富强作为一种希望、一种动能，从来就没有停止过。河南在东汉、北宋以至于近现代，从曾经的繁荣富强到落魄贫困，从水旱蝗汤的折磨蹂躏，到打土豪、分田地，从人口大省、经济穷省到建设工业大省、服务业大省、现代农业大省，也是在于对富强的追求。随着工业革命和新技术革命的涌动，富强已经和人们的脉搏一起跳动，每一个人、每一个空间经济体，都在拼搏，都在跨越。有人把社会达尔文主义传递的全部理念和信息归结到"赶快干活，否则完蛋"八个字，足以反映出这种对富强的追求背后，所表现出来的现代竞争意识和压力、动力，从而解析了富强的现代内涵和外延：一是说物质资料的生产是人们赖以生存发展的基础；二是说富不富强，能不能富强，关键在于创造物质资料的人有没有内生动力，并把这种动力转换为压力，不断提升现代生产能力和竞争力；三是说不能满足时下现状，一定要不断进取，一定要把创业、创造、创新，作为一种自然的、自觉的行为，争取拥有或享有更高层次和内容品位的富强；四是说个人、集体、国家的经济利益是一致的，个人、集体、国家的目标取向应衔接协调，既要说"小河没水大河干"，也要懂"大河没水小河干"。富强体现着人、集体、国家之间，人与人之间，集体与集体之间，地区与地区之间，国家与国家之间的竞争与合作关系，而这种竞合关系，无论是静态的，还是动态的，释放出来的都是一种促进富强、加快富强、感受富强的正能量的源泉动力。

近年来，河南坚定不移地推进改革开放，经济社会发展取得显著成绩，呈现出中原崛起的良好态势。但人口多、底子薄、基础弱、人均水平低、发展不平衡的基本省情尚未根本改变，发展中还存在一系列自身难以克服的"瓶颈"障碍，正处于爬坡过坎、转型升级的关键阶段。所以发展仍是解决河南所有问题的关键，只有紧紧抓住发展不放松，才能为全面建成小康社会奠定坚实的物质基础。从提出打造"富强河南"不到一年的时间里，富强河南已经不仅被各界所接受认可，而且深入人心，已经化为新时期、新形势下的，新的发展河南经济的强大力量。究其原因，正在于"富强河南"契合了生产关系一定要适合生产力性质规律和发展是第一要务的科学发展观的思想；契合了"以经济建设为中心"的"一个中心"、"两个基本点"的中共十一届三中全会以来的路线方针政策；契合了中共十八大描绘的全面建成小康社会、加快推进社会主义现代化的宏伟蓝图；契合了全面深化改革、实现"两个一百年"的奋斗目标；契合了河南省委、省政府提出的"中原崛起、河南振兴、富民强省"的战略目标；契合了河南省的省情实际和河南人的质朴情怀与梦想愿景。这无不说明"富强河南"的特殊地位，及其具有的根本性、基础性和优先性的实践应用价值和经济学理论意义。

(2014 年 5 月 23 日　原载《学者之见》2014 年第 12 期)

十一、打造富强河南，把富民强省战略目标变为现实（二）

（一）打造富强河南的综合指标及评价

如果说，河南省在学习贯彻中共十八届三中全会精神中，进一步明晰和强化了"中原崛起、河南振兴、富民强省"的目标追求；那么，打造"富强河南"及"四个河南"的提出，则高度凝练和概括了未来河南经济和社会发展的思路与抓手。无疑，打造"富强河南"突出了以经济建设为中心、发展是第一要务的大政方略，"文明河南、平安河南、美丽河南"，则是在经济发展基础上公民素质、社会和谐和生态环境诸方面的一个必然的内容结果和表征。

从一个地区资源空间看，富强是一省综合实力的体现，反映着省域经济、社会、文化、科技、教育等硬实力和软实力的发展和增强。富强的内核是人民共同富裕和省域经济的不断强盛。"富"与"强"在内容上是一体的，在形式上又是有着区别的，"富"并不等于"强"，物质上的富裕、GDP 的高增长，并不就意味着省域经济实力的强大。富强的第一个含义是富民，是民众富裕；第二个含义是藏富于民，民众富足，这是中国经济、社会、历史、文化所蕴含的关于"富强"的最为基本的、深邃的思想灵光。亦如唐甄所言："立国之道无他，唯在于富。自古未有国贫而可以为国者。"即"富强"，必须是以"民富"为基础的"富强"，若"田野荒而仓廪实，百姓虚而府库满，夫是之谓国蹶"，"实为贫国，不可以为国矣"。民众的富裕和富足，强大的国家实力，这两个方面的内容，才是一个国家综合国力的真实反映，一个省也应是这样一个理论。同时，"富强"，并非仅仅是经济指标辉煌的富强，还应是指人们精神信仰的"富强"，如果过于功利，一味追求事功，"将以求富而丧其国，将以求利而危其身"。南宋时，朱熹、陈亮往来书信十数通，激辩王霸，陈傅良作《答陈同甫三书》，归纳陈亮的观点说："'功到成处，便是有德；事到济处，便是有理。'此老兄之见也。"用现代汉语翻译，即只要成就事功，自然就是道德圆满，符合天理。毫无疑问，在当今中国特色社会主义理论、制度、道路条件下，富民已经不能一般地仅仅理解为全体国民在物质生活与精神生活的量和质上的"共同富裕"，而是正在朝着距今一百多年前马克思所憧憬的社会主义"自由人联合体"努力，追求着一种体现人的自由的全面发展，即人的现代化的更高境界的富裕。

从富裕到富强，体现了个体与群体的相互关系，追求个体的富裕和群体的富强，从来都是人们的一种生产创造的动能。因此，"富强"也并非是一个孤立的状态及其评价指标，它反映的是一个动态发展的过程，描述的是一个包含于"富强、民主、文明、和谐"的大系统，作为系统中的一个元素，它的运动发展一方面影响其他要素，另一方面也受制于其他要素。从微观方面量的指标来讲，这将是一个十分艰巨、细致的工作。要把这些指标弄清楚、设定好，需要各领域各方面的组织机构和专家学者通力合作。首先，应该确定富强的指标包含哪些大的方面，比如 GDP、人均 GDP 等；其次，要弄清达到这些指标的数量，即从历史演化和现实发展的规律给出某些常态化数据，以便了解、认知相关现象应该是怎样的一个数量级；再次，明确各项指标的要素之间的权重比例及其相关性，一般来说，所占权重大的往往比例自然也就多一些，而有些指标则可能权重要稍微小一些；最后，重要的还在于要在比较分析中做出客观评价。我们所选取的各类各种指标都要与不同地区、不同国家之间进行认真的比较分析。因为所谓"富强"，也都只是一个相对的概念，不可能是绝对的，其中关键的一点，就是既要开展自身发展的相关指标的纵向比较，也要开展与发达地区、发达国家之间的相关指标的横向比较。

"富强河南"不仅强调经济快速发展和人民生活水平迅速提高，更关注这一过程的可持续性，只有经济的持续发展才能保证全面小康社会目标的实现。打造"富强河南"，必须注意经济发展的数量与质量，短期的快速增长要求经济规模进一步扩大，长期的持续发展则有赖于经济质量的提升。同时，作为全国经济的一个组成部分，河南省在追求富民强省的同时，还要保证国家战略规划的贯彻实施，进行规划实施效应评价。基于此，我们将从经济规模、经济发展质量和国家战略规划实施三个方面构思、研讨指标体系，以增进对"富强河南"评价的科学性。

经济规模方面。主要包括地区生产总值、财政收入、居民可支配收入和居民消费。地区生产总值是关于经济规模最常用的度量指标，虽然近些年政府经济工作的目标逐渐由追求经济规模扩大转向追求经济质量提高，但像河南省这样的人口大省，没有较大的经济总量作为支撑，就很难谈得上增加就业及其人均收入水平的提高；财政收入是政府进行基础设施投资和转移支付的重要保证，公共设施建设、1000万贫困人口的生活改善、逐步缩小日益扩大的城乡收入差距等，均需要政府通过转移支付进行调节；居民可支配收入和居民消费是经济规模和经济效益最终在人民生活水平上的具体表现。按照现有的统计方式，居民收入分为城镇居民人均可支配收入和农村居民人均纯收入两个指标，两者分别反映城镇和农村居民在经济发展中的受益状况；居民消费的增长是人民生活水平提高的最直接体现，也是刺激经济、促进经济持续繁荣的有力保障。

经济发展质量方面。主要包括劳动生产率、投资生产率、第三产业比重、工业化率、城镇化率、研发投入比重、高新技术产业比重等指标。劳动生产率和投资生产率通常用地区生产总值与总就业人数和固定资产投资总额之比来度量，两者分别反映劳动和资本两大生产要素的实际生产效率，经济发展方式由粗放向集约的转变主要就体现于要素生产率的提高；第三产业比重和工业化率都属于经济结构层面的度量指标，前者部分反映了经济结构的合理化程度，揭示适当规模的第三产业有利于推动第一和第二产业的发展，创造更多的就业岗位，从而实现经济发展的良性循环，后者用来衡量工业的发达程度，表明工业发展是支撑整个经济发展的基石；城镇化建设是缩小城乡差距和区域差距，提高人民生活水平，特别是农村居民生活水平的重要途径，城镇化率用来度量一个时期新型城镇化的建设和发展动态；研发投入比重和高新技术产业比重，前者反映研发资金投入状况，表明对研发工作的重视程度，后者反映高新技术产业在整个产业体系中占据的份额，表明某一时期的产业发展层次、产业发展水平。

国家战略规划实施方面。主要包括本地区拥有的国家层面的战略规划及其贯彻实施情况，如河南省拥有的国家粮食生产核心区、中原经济区、郑州航空港经济综合实验区三大国家战略规划。拥有国家战略规划，不等于就能够贯彻实施好国家战略规划。所以，河南省委书记郭庚茂在多个场合多次谈到这个问题，反复提醒我们，打造"富强河南"，首先是要把国家战略规划落到实处，贯彻好、实践好，讲求国家战略规划实施效应。习近平总书记近日视察河南时也再一次强调指出，河南一定"要立足打造'全国粮食生产核心区'这一目标和任务"，也在于强化把国家战略规划落实好。就全国粮食生产核心区而言，粮食总产量、农业现代化程度、农业规模化程度都是重要的考核评价指标。作为国家的产量基地，保障国家粮食安全是国家赋予河南省的重要战略任务，粮食总产量是衡量这一任务完成情况的最直观，也是最直接的指标。农业的发展必然要由传统农业向现代农业转变，农业的现代化耕作和规模化经营程度是现代化农业的主要表现形式，一般用地均农机量和实际农业劳动者的人均耕地面积度量农业现代化程度、农业规模化程度。

也有专家认为，富强的评价主要在于硬实力的评价，软实力的评价属于意识形态的内容，因此可以参考有关学者的研究成果，获取物质财富、经济、科技的评价指标，其中物质财富的评价可以借助于联合国开发计划署（UNDP）制定的全球富裕指数评价指标进行评价；经济实力通常采用GDP和经济强国指数进行评价；科技实力借助科技部《中国科技实力报告》中的指标体系，如教育及高级培训、科技经费投入、科技人员数量和质量、科技成果（科学产出、合作及论文被引用情况、专利）、高科技制造业以及在专业技术方面的出口、服务和贸易状况等。

（二）打造富强河南必须按客观经济规律办事

河南省委、省政府不仅提出了打造"富强河南"的理念和要求，而且围绕于此，在具体工作中，还确定了"三个一"的基本举策，即通过扩大开放来促进结构调整、转型升级，"一举求多效"；通过科学推进新型城镇化来创造需求，增强经济发展的内生动力，"一发动全身"；通过优化软硬环境、创造优势，进一步打通发展路径，"一优带百通"。这些举策，必将成为加快打造"富强河南"的有力的体制保障和组织措施，只要按照客观经济规律办事，全面深化经济体制改革，我们的理想和目标就一定能够变为现实。

打造富强河南，必须按客观经济规律办事。任何经济活动都有其内在的规定性，并且是不以人的意志为转移的。什么时间按经济规律办事了，什么时间的经济运行就会有序和有效，不按经济规律办事就会受到经济规律的惩罚。无论是前29年共和国的发展，还是后36年改革开放的今天，无数实践典例无不证明着不按经济规律办事对生产力带来的破坏与社会生活的影响。经济规律，包括基本经济规律、生产关系适应生产力性质规律（亦称发展改革规律）、合比例发展规律、价值规律、时间节约规律、按劳分配规律、可持续发展规律等。按规律办事首先是要在主观上认识规律，在实践中才能自觉地遵循规律办好事，办成事。其次是要在客观上认识事物，把握经济资源及其优势的开发利用，最主要的是深入一线，大兴调查研究之风，弄清楚自己的几山、几水、几分田，厘清自己的潜能、潜力、潜质，摆清楚自己的一般优势、比较优势、后发优势，议清楚自己的预测、决策、规划，看清楚自己的发展阶段、发展重点、发展措施。最后在主客观上要有一个科学的逻辑思维和操作的技术线路，既要循规蹈矩，又要与时俱进，改革创新；既要苦干实干，又要注重切入新起点、新层面；既要讲速度，又要重质量，认真进行投入产出的效益评价。打造"富强河南"，就是要按照河南的省情实际，按照客观经济规律科学运作，防止这些年存在的重虚拟经济创造、轻实体经济创造，重生活服务业发展、轻生产服务业发展，重外来模式引用、轻本土模式经道，重要政策要项目、轻用政策做项目，重大呼隆"千城一面"、轻顺势而为、个性发展，重速度规模、轻质量效应等不顾主客观实际现象的发生与重演，务实地、理性地打造"富强河南"。

把打造"富强河南"与全面建成小康社会结合起来。"富强河南"是一个时点概念，不同阶段有着不同的目标要求和内容特征。比如，到2020年，全面建成小康社会，其实，"小康"便是富强的一个阶段的内容表现。据《全面建设小康社会统计监测方案》分析显示，2011年河南全面建设小康社会实现程度为78.6%，2012年为80%。从这一数据看，似乎我们距离小康社会并不遥远，殊不知这20%的差距硬是需要我们付出比此前更为艰难、更为困苦的努力。如前所述，我们正处在一个重要的历史节点上，全面建成小康社会进入决定性阶段，对于河南来说，虽然随着粮食生产核心区、中原经济区、郑州航空港经济综合试验区三大国家战略的贯彻实施，全面小康社会建设取得了巨大成就，但由于河南的产业层次依然较低、结构效益依然较低、经济发展方式依然较低、城镇化水平依然较低、基础设施和公共服务水平依然较低，使得河南全面小康社会建设的任务相比其他省区更加繁重，缩小与全国的差距更为不易。所以，未来几年我们必须紧紧围绕中原崛起、河南振兴、富民强省的总目标，努力打造"四个河南"，尤其是"富强河南"，把打造"富强河南"与全面小康社会建设结合起来，加快河南全面建成小康社会的步伐，推进河南与全国同步建成小康社会。

"富强河南"，根本的是要有一个强势的产业体系支撑。由于不同地区有不同的产业基础和资源条件，从而总是表现出具有地域特色的产业结构体系。如果说，郑州航空港经济综合试验区的国际航空货物运输平台以及陆港建设，刷新和改变着河南产业结构的朝向和层次；那么，这一刷新和改变就预示着以航空港、陆港商贸物流发展为内容特征的河南新的现代产业体系正在形成。这种集地域优势、交通优势、产业优势为一体转换而成的打造"富强河南"的经济优势必将日益显现，从而成为河南今后发展的关键、发展的命脉。全面建成小康社会，在未来的几年里，重要的是按照习近平总书记提出的围绕加快转变经济发展方式，深化产业结构调整，提高经济整体素质及竞争力的思想，加快建设现代产业新体系，在推动产业结构向高端和终端发展过程中积极培育战略性新兴产业，增强宏观经济的活力。同时大力改造提升传统支柱产业，把发展先进制造业、高成长性服务业，特别是生产型服务业，包括现代物流、信息服务、文化、旅游、金融、房地产等作为产业转型升级的战略重点，扩大规模、引导集聚、创新载体、多元融合、重组再造、提升层次。

打造"富强河南"，还要与科学推进城镇化，建设现代农业大省结合起来。河南是一个农业大省，因此，"富强河南"的重要的着力点，就是持续增加农民收入和持续推进农业转移人口市民化，使农民不管进城与不进城，也能和城里人一样享受着现代政治、现代经济、现代社会、现代文化生活，有着和城里人一样的物质生活环境和精神生活环境。城镇化是一个趋势，是现代工业文明和现代农业文明的必然产物。作为农业大省、人口大省，相比我国大多数省区而言，城镇化的时序要长一些，难度要大一些，但这并不能成为我们城镇化滞后的一个理由。事实上这些年我们也一直在奋力拼搏，而且，科学推进城镇化已经成为我们优化经济结构、增强资源配置效率、扩大市场消费需求、破解城乡二元经济、提升城乡居民生活水平、加快全面建成小康社会的一个基本战略，取得了积极的成效，现在正围绕科学推进城镇化、加快体制机制研究，寻求着新的突破。同时，围绕农业现代化，河南省以保证粮食安全为前提，正在进一步探索家庭经营和规模经营的衔接，积极稳妥地推进土地流转等方面的工作，立足打造全国粮食生产核心区这一目标和任务，努力在提高粮食生产能力上开辟新途径、挖掘新空间、培育新优势，加快农业现代化进程，建设成世界闻名的现代化农业大省。

打造富强河南，必须坚持全面深化改革，向改革要红利。《中共河南省委关于贯彻党的十八届三中全会精神全面深化改革的实施意见》指出，改革开放是实现中原崛起、河南振兴的必由之路，也是打造"富强河南"的基本抓手。围绕打造"富强河南"，深化经济体制改革，就是要坚持以经济建设为中心，把经济体制改革作为全面深化改革的重点，处理好政府和市场的关系，使市场在资源配置中起决定性作用和更好发挥政府作用，加快转变经济发展方式，促进粮食生产核心区、中原经济区、郑州航空港经济综合实验区建设，推动经济更有效率、更加公平、更可持续发展。

打造"富强河南"，也就是要进一步解放思想、转变观念、深化经济体制改革，让改革与发展的成果更多地惠及全省人民。2006 年诺贝尔经济学奖得主埃德蒙·菲尔普斯有一个著名的"经济增长黄金定律"，其内容要义是，改革发展进程中，经济增长的标志并非就是经济总量及其增长，而是这一经济增长状态下，国民收入水平和消费水平的不断提高。要研判这一时期的社会储蓄流向——如果是投向了实体经济，投向了科技研发、人民教育，就是正常的、理性的，就是有利于增进人们的长期福祉的；反之，如果投向别的什么地方，则必然降低人们的长期福祉。同时，经济增长必须以不断提升国民收入水平和消费水平为转移，这就要牢固树立经济增长中人们对未来工资和价格的预期观念，即随着国民收入的提高，人们期望增加工资，并使价格维持在一定的水平，从而保证大多数人们收入和消费水平的不断提高。只有这样，才有可能不断增加消费需求，刺激生产，实现生产、流通、分配、消费的良性循环，才能不断提升人们生活的富足程度。按照马克思主义经济学合比例发展思想来说，就是一个国家或是一个地区的政府，应该大力推进国民收入的增长和注重处理好积累与消费的比例关系，既要维持一定的资本积累水平，满足扩大再生产的需要，更要持有一定的消费水平，而且是大多数人的一定的消费水平，这是一个国家、一个地区、一个人富强、富裕的根基，也是我们打造"富强河南"，中原崛起、河南振兴、富民强省，全面建成小康社会、全面深化经济体制改革的全部意义所在。

（2014 年 5 月 23 日　原载《学者之见》2014 年第 13 期）

十二、河南省社科界全面深化改革，打造"富强河南"理论研讨会综述

2014 年 4 月 16 日，由河南省社会科学界联合会和河南省经济学学会联合主办、河南财经政法大学河南经济研究中心协办的"河南社科界全面深化改革，打造'富强河南'理论研讨会"在郑州召开，河南省社科联主席李庚香博士，河南省经济学学会会长杨承训教授，河南省农村信用合作联社陈益民研究员，河南省社会科学院谷建全研究员，河南大学耿明斋教授，河南日报社孙德中博士，河南财经政法大学郭军教授、刘美平教授，郑州大学李燕燕教授、牛文涛博士，南阳师范学院赵秀玲教授、张保林博士，洛阳师范学院刘玉来教授等来自全省社科界、高等院校、科研院所的专家 40 余人与会。研讨会以中共十八大和中共十八届三中全会精神为指导，充分阐述了全面深化改革对加快打造"四个河南"和推进"两项建设"的重大现实意义和深远历史意义，进一步明确了打造富强河南的基本要求，深入研讨了全面深化改革、加快打造富强河南的策略，取得了积极的理论成果。

（一）充分认识打造"富强河南"的战略意义

李庚香认为，打造"富强河南"，符合中共十八届三中全会精神，抓住了当前经济社会发展的关键，是推进中原崛起、河南振兴、富民强省的具体实践，是河南坚定不移地把改革开放全面引向深入的重要举措。打造"富强河南"，体现了河南省委、省政府"变中取胜"的战略谋划，是构建举省开放新体制的需要，是打造改革、开放、创新、

人文、绿色新优势的需要。全面深化改革，打造"富强河南"，同打造"文明河南"、"平安河南"、"美丽河南"是统一的，这也是河南省委、省政府给社科理论界提出的、新的时期新的应用经济研究的重要课题，广大社科工作者要自觉担当、主动作为，按照河南省委、省政府的决策部署，积极融入"富强河南"的伟大建设之中，给"富强河南"的建设与发展提供真知的、务实的学理支撑和智力支持。

郭军说，"富强河南"的提出以及推进，意义是战略性、历史性的。第一，"富强河南"已经深入人心，并被社会各界所认同，正在形成河南经济发展的强大力量和不竭动能，这是因为它契合了中国梦、中原梦，反映了全省人民的期盼、愿望；第二，"富强河南"作为"四个河南"之首，契合了"以经济建设为中心"，聚精会神搞建设、一心一意谋发展，加快实现中原崛起、河南振兴、富民强省宏伟目标的决心、信心、雄心；第三，"富强河南"还是实施粮食生产核心区、中原经济区、郑州航空港经济综合实验区三大国家战略的具体化，既反映了河南省委、省政府高层决策者的智慧和果敢、责任和担当，也表明了河南省委、省政府谋划河南经济社会发展的战略战术、技术技艺、路径路向，给人以振奋，给人以鼓劲；第四，打造"富强河南"，不仅为河南经济发展明确了新的目标，提出了新的要求，也集聚了新的元素，注入了新的动能。特别是新一届河南省委、省政府领导集体，紧紧抓住河南的区位与交通优势，以郑州航空港经济综合实验区建设为契机，构筑综合交通枢纽和国际航空物流，从而为"富强河南"的打造及其实现增添了一个大平台、大产业支撑带动的新的良好趋势、态势、气势。

谷建全认为，河南目前已经站在了一个新的历史起点上，如果下一步的发展还按照原来的传统思维与模式，必然难以为继。所以说"富强河南"是新时期、新形势下河南省委、省政府对河南经济树立的一个新的标杆，是河南经济转型发展、创新发展、开放发展、和谐发展、绿色发展的再定位，是河南由经济大省向经济强省跨越的再动员。

（二）进一步明确"富强河南"的内涵及判断标准

孙德中认为，"富强"是两个概念，一个是富，一个是强，前者是一个静态的概念，后者是一个动态的概念。"富"的评价标准有两个参照系。一是国际标准。按照2011年世界银行对世界上200多个独立经济体的测算，它划分的标准分了四个层面。2011年人均国民总收入是1025美元或者以下，这是低收入，中下收入的标准是1026~4035美元，中高收入的标准是4035~12475美元，高收入的标准是人均国民收入在12476美元或者以上。所谓的富，应该是达到高收入水平。然而，2013年河南的人均GDP仅有5500美元，与所谓的"富"还有很大的差距。二是国内标准。2013年河南GDP总量居全国第5位，人均GDP居全国第23位。实际上，河南的人均GDP不及第5名的一半。所以仅从收入的角度来说，河南的收入水平是中等偏下的。"强"的评价标准主要是竞争力。2013年河南GDP增速是排在全国第21位，工业增加值的增速排在全国第24位，固定资产的增速排在全国第15位，地方财政收入增速排在全国第7位，社会消费品零售总额排在全国第13位，进出口总额增速排在全国第8位，人均城镇居民收入增速排在全国第28位，农民人均纯收入的增速排在全国第16位。这意味着河南未来"强"的难度更大，因为河南的竞争力更弱。

耿明斋认为，"富强"的标准，主要体现在经济总量大、人均GDP水平高，这需要靠持续的高速经济增长来实现。同时，这也是一个相对的概念，永远是和别的省份比。河南近几年通过推进中原经济区建设、郑州航空港建设、粮食核心区建设，都是从战略的角度来找寻保证河南经济持续稳定增长的办法。从根本的层面来讲，还是要靠全面深化改革来保持河南经济增长的活力，推动河南经济及时的转型，实现增长推动力由原来的传统产业向制造业、向现代服务业、向有一定技术含量的制造业转换。

刘美平认为，对富强程度的判断是，河南省已经成为典型性收入差距比较大的中低收入省份。虽然有高收入阶层，但从总体上看还存在一定程度的物质贫困、精神贫困、生态贫困。"富强河南"的标志：一是个别替代性的项目取代大规模的城市化建设，表明城市化进入成熟状态，国家治理也达到了成熟的状态；二是完善的市场进出机制；三是创新的收入分配价值取向形成；四是生态富裕的初步形成；五是以人的自身现代化为基础的城乡家庭处于稳定状态；六是信息化渗入到社会经济各方面的渗透度大大提高。

刘玉来认为，富强河南，首先是各种主体的强大，包括管理主体、服务主体、建设主体，以支撑河南发展的各个方面。在主体培育当中，应当明确发展方向、发展目的和发展机制。比如，建设主体应当树立良好的价值观念，管理主体应当发挥民主决策机制的作用。

（三）客观认识"富强河南"面临的困难及现实制约因素

陈益民指出，河南省金融之"板"显"短"是客观的，是与全国金融平均水平相比的严峻现实。一是河南省金融行业贡献度低于全国水平。统计数据显示，2012 年度全国金融行业创造增加值占 GDP 的比重是 5.53%，2012 年河南省金融业增加值为 1013.6 亿元，占 GDP 的 3.42%，低于全国 2.11 个百分点，在全国省市区中排名第 26 位，也低于河北（3.44%）、山东（3.87%）、江苏（5.80%）、安徽（3.59%）、湖北（3.91%）、陕西（3.81%）、山西（5.28%）等周边省份。二是我省经济货币化程度低于全国水平。2012 年全国融资总规模为 157631 亿元，占当年 GDP 的 30.38%；2012 年河南融资规模为 4844.5 亿元，占河南 GDP 的 16.37%，河南低于全国 14.01 个百分点。2013 年度全国融资总规模为 17.29 万亿元，占 GDP 的 30.39%；河南的融资规模为 5260 亿元，占 GDP 的 16.36%，河南低于全国 14.03 个百分点，差距有所扩大。金融是现代经济的核心。"富强河南"首先要关注金融，关注别让金融"短板"拖后腿。金融"短板"的原因是长期形成的，主要是：重视程度不够、针对性研究不够、自觉运用金融杠杆的意识不够、与金融总部的联系沟通不够，以及金融诚信环境状况问题、金融人才不足、金融氛围较差等问题。金融绝不是一个微观层面的活动，而是表现和反映着宏观经济全局的问题，河南经济发展与金融经济发展之间的关系，应从思维观念、体制机制、投入产出、边际效应诸方面进行认真的梳理研判，真正发挥金融业在打造"富强河南"过程中的积极作用。

谷建全认为，"富强河南"重要的是不断提升河南科技创新能力。目前，河南的科技体制机制还存在一系列问题。一是科技与经济的结合度不高。河南的科技成果转化率只有25%，高校的科技成果转化率更低。主要原因就是科技与经济没有相结合，科技创新的导向不是以市场需求为转移。二是条块分割、资源分散格局还没有根本改变。计划经济体制下条条块块状的科技体制没有太大改善，科技、土地、工信、财政各个部门都有科技经费，但是各部门的经费只考虑自己部门的使用，形不成全局的集聚效能。三是科技创新内在动力不足。作为创新的主体，高校、科研院所、企业研发中心、博士后流动站（基地）创新内在动力没有被激发出来，科技创新的激励约束机制不完善，这与体制机制也有很大关系。四是企业创新的主体地位还没有真正形成。企业是市场主体，也是科技创新主体；是科技投入主体，也是科技成果转化主体。这需要从目前的制度、政策等方面深入研究，统筹考虑。

（四）深入探讨全面深化改革、打造"富强河南"的策论

杨承训从三个方面分析了全面深化改革、打造"富强河南"的着力点。

第一，打造"富强河南"必须按客观规律办事。近几年河南的发展很有特点，尤其是中原经济区上升为国家战略、郑州航空港获批为国家唯一航空港经济综合实验区、产业集聚区建设获得突破，发展成效很明显。在经济快速发展的过程中，必须按客观规律办事，需要处理好三个关系。一是要处理好循序渐进和跨越式发展的关系。改革开放以来，历届河南省委、省政府坚持科学发展、务实发展、协调发展，一任接着一任干，使河南省经济实现跨越式发展。这首先得益于按照客观规律办事。经济发展是循序渐进式发展与跨越式发展交互作用的，循序渐进应当是它的基础。群众说得好："不怕慢，就怕诈，特怕骗，更怕烂，最怕乱，就怕变。"在这些年的发展中，也积累了许多问题，其中体制机制上的问题依然存在，尤其是违反客观规律的跨越发展。比如，城镇化的发展是一个历史过程，却出现了"野蛮拆迁"、"违规拆迁"，以及不惜牺牲农民的利益来搞城镇化大跃进。所谓的以城镇化带动工业和农业现代化，客观地讲，这是违反客观规律的。再如，近期央视《经济半小时》栏目曝光河南的某一个县，该县是河南人口第一大县，也是一个国家级贫困县，2013 年当年公共财政预算收入 7.7 亿元，而公共财政预算支出 47.2 亿元，多达几十亿元的财政漏洞怎么填？如果县域都这样，将来难免有一天政府会走向倒闭的结局。二是要处理好引进的外生动力和内生动力的关系。实际上是一个引进外力与用好内力的问题，一定要考虑在引进的同时增强经济发展的内生动力。内生动力靠什么？靠科技创新。河南有很多科学创新能力较强的企业，但还不够，应当进一步有选择地引进，并与增强自身的内生动力结合起来，抓好现代企业制度建设和科技创新。三是要处理好单个竞争和产业链竞争关系。产业链是以多层次利用科技为手段，以适宜的资源空间配置为条件，将相关产业连接成一个从原料到半成品到最终产品的系列化链条，也就是把加工顺序相连、空间距离相近的各种产业连接成以优势产品为龙头的产业序列，俗称"龙形经济"。产业链不仅讲"分"（产业的比例关系），更要突出"连"，即以连为主，分联结合，符合社会化生产"分工合作"规律的要求。近年来，河南省大力推进产业集聚区建设，符合客观规律要求。在今后的发展过程中，应当加强中央与地方的联系、企业之间的联系、不同行业之间的联系，注重以质量带动数量。

第二，打造"富强河南"需要着力构建生物能源与生态农业互动机制。生物质能源，就是生态系统将太阳能转化为生物有机质所蕴含的能量。它的原料主要来自农作物的废弃物（秸秆）、人畜粪便、海洋生物（海藻）、其他农产品和生活废物（生活垃圾及污水），所以它的生产运行离不开农业。科学家估算，地球接受的太阳能大约 1‰~2‰ 转化初级生物质的能量，地球每年经光合作用产生的生物质有 2200 亿吨，其中蕴含的能量相当于全世界能源消耗总量的 10 倍，但目前的利用率不到 3%。河南省制定"发展生物能源示范省"的战略，具有前瞻性，在全国带了个好头，对于改变能源结构、治理大气污染具有战略意义。为使新兴生物能源产业苗壮成长发育，需要构建以生态农业为依托的产业链（以下简称"两生"），带动农业实现新型现代化与农村工业化和环境美化，并能促进城镇化夯实产业与生态文明的基础，并可推进河南由农业大省向现代农业强省转变升级。

第三，打造"富强河南"需要逐步增加居民的收入。目前，河南的人均收入在全国是偏低的。只有增加居民收入，老百姓才能有购买力，才能增加消费，从而拉动经济增长。因而，我们应当采取多种措施增加居民收入。否则，居民收入增长的停滞与现在物价快速增长形成尖锐矛盾，不利于打造"富强河南"。

李庚香提出，打造"富强河南"应当注意七个方面问题。一是要解决好定位问题。二是要全省一盘棋，"区位一体"化协调发展。三是要突出和放大国家粮食生产核心区、中原经济区、郑州航空港经济综合实验区的战略性意义与作用。四是要着力构筑内陆开放型经济体系。五是要科学推进新型城镇化。六是要以"一个载体三个体系"为抓手，把创新驱动融入"富强河南"全过程。七是要建立绿色经济体系，把绿色生态融入"富强河南"全过程。

赵秀玲指出，"富强河南"是一个省域概念，既要拔高相对发达市县经济，也要带动相对不发达市县经济；既要倾力打造省城经济，也要关注边缘市县经济；"富强河南"不应只是富强郑州，要走共同富裕之路，应当采取多种措施着眼于全省民生的改善，提升全省城乡居民的幸福指数。作为市县，也要积极主动融入"富强河南"建设，在全省性经济战略运作中定位自己、发展自己。

谷建全强调，"富强河南"必须要有强有力的科技支撑。一是要建立健全技术创新的市场导向机制。就是要按照中共十八届三中全会提出的市场对资源配置起决定性作用来建立科技创新的市场导向机制。二是整合创新资源，强化顶层设计。河南最突出的问题就是资源分散，没有形成拳头效应，因此，科技体制改革主要的目标就是要通过一系列的平台建设，通过顶层设计来整合资源，形成拳头效应。三是要推进科研机构的分类改革。不同的科研机构，其职能和性质也不一样，进行分类改革，才能激发科研机构创新的积极性。四是强化企业的创新主体地位。这是科技体制改革最根本的一个问题，也是必须解决好的问题。只有企业创新主体地位真正得到体现了，科技创新的活力和动力才能激发出来，科技创新的效率才能真正提高起来。

耿明斋认为，全面深化改革，打造"富强河南"，迫切需要解决五个方面的问题。一是重新塑造真正的市场经济主体。经济活动的主体主要有私营企业和国有企业两大类，对于私营企业来说，它是和市场经济结合在一起的，政府需要营造良好的发展环境，实现公平竞争；对于国有企业来说，其改革方向应当首先厘清国有企业的生存边界，并且在它的边界内部变成市场经济活动的主体，目前中央提出设置国有资产经营公司便是一种探索。二是破除垄断，营造良好的市场氛围。民营企业是真正的市场经济活动主体，政府应当营造良好的营商环境，改善服务职能，扼制不公平竞争，这应当是政府机构深化改革的一个

— 92 —

方向。三是探索建设城乡统一的建设用地市场。土地问题的本质，是在城镇化快速推进的过程当中，人口在不断的空间转移，从乡里到城里聚集，而随着人口从乡里到城里的聚集，建设用地的空间配置也发生了新的变化，城市的建设用地需求越来越大，乡里闲置的、空置的建设用地却比较多。怎么把乡里闲置和空置的建设用地转移到城里去，来保证城市建设用地持续不断增长的需求？一些地方通过农村的社区化改造，把农村的剩余建设用地指标转化为城市的建设用地，一些地方探索城乡建设用地增减挂钩的制度，一些地方探索地票交易市场。在河南这个省域范围内，建设用地需求指标强度最大的是郑州周边，最大的工作应该往郑州转移，那么应在省域的范围内来解决城乡建设用地增减挂钩。因此，建立城乡统一的建设用地市场，可能首先在一个省域的范围内来解决农村的剩余建设指标怎样用到最需要的城里面。四是金融改革。金融改革的问题主要有两个方面，一方面是解决准入的问题。金融领域最大的问题是金融体系的结构，大银行主导的金融结构使得金融资源流向效率比较差的传统产业，而一些迫切需要金融支持的大量新增的中小企业得不到金融资源的支持。另一方面是地方金融机构应当在探索利率市场化方面有所作为，推动价格形成机制的改革。五是财税体制改革。要解决的问题是两个方面：一方面是厘清各级政府、中央政府和地方政府之间公共产品供给的结构，以及在这样结构的情况下厘清各级地方政府的财力配置。另一方面是税收企业的改革，由直接税为主的体制转为间接税为主。真正的市场经济应该是最终的收入所得，最终的财产持有人直接纳税，就是财产税和所得税的这样一个转换。

陈益民认为，打造"富强河南"需要拉长金融"短板"：一是提高对金融问题的重视，把金融机制纳入全省经济社会发展的有机组成部分；二是建立金融专题（专家）委员会制度，加强对国家金融政策的针对性学习研究，确保国家金融政策在河南及时落地生效；三是根据河南情况推动有河南特色的改革措施，如筹建与粮食核心区、中原经济区、郑州航空港区等国家战略相匹配的中部发展银行，从实质上推进符合河南实际、有中国特色的农村金融体制改革，由民营资本发起建立中部民营银行，在航空港区规划建设中国中部金融发展高地等；四是完善社会融资体系，建立金融增加值考核体系，把金融业作为支柱产业来培养；五是考虑设立金融安全"资金池"，建立金融安全机制，把打造金融安全区作为河南的形象名片，增强河南省经济社会发展对外部金融资源的吸纳力；六是加大与全国金融总部的联系沟通力度，提升河南金融影响力；七是吸引和发挥河南籍金融专家和金融人才为河南经济金融发展出谋划策；八是以产业集聚区为依托，加快企业集群发展，使河南省企业数量有一个快速增长，提升河南省经济质量，扩充金融业发展的基础和空间。

孙德中认为，打造"富强河南"，一是在产业集聚区特别是航空港实验区引进高能级的经济主体，才能够快速实现经济集聚和产业升级，快速接入国际产业集聚区体系；二是重视从生产型创新向技术型创新转变；三是以职业教育为抓手，加大教育的投资，提升劳动力的素质；四是确保公平竞争市场环境，抓大的同时更要促小、促活；五是以产业集聚区为载体，搞好现代产业升级的顶层设计。

李燕燕说，打造"富强河南"应当大力发展生产型服务业。第三产业的增长率在 2010 年以前基本上是低于生产总值增长率的，2011~2013 年才高于总值增长率，也就是说近两年河南省经济虽然增速缓慢，但是第三产业发展势头不减。中国第三产业的 16 个行业中，10 个行业的中间需求率大于 0.5。按照投入产出理论，0.5 意味着一半以上的产品是用作生产要素的，可作为生产服务业，拉动作用是比较大的。2005~2012 年，河南省第三产业前几位的有金融（27.83%）、教育（19.83%）、租赁和商务服务（19.67%）、房地产（19.55%）。从第三产业内部来说，排在河南省第一位的是批发、零售，占 20.5%，第二是交通运输，第三是房地产，第四就是金融，都占10%以上。所以，应当大力发展生产型服务业。此外，打造"富强河南"应当构建河南中小企业服务平台。中小企业服务平台整合各种银行、法律、税务、企业等，使之与项目对接，具有信息的收集、发布、整理、分析、交流、互动的功能。

刘美平认为，打造"富强河南"，一是转变理念，即树立教育第一的发展理念，树立发展民生也是发展经济的理念，树立服务业和农业同样可以富省的理念；二是整顿市场秩序；三是转变干部考核机制。

牛文涛提出了把打造"富强河南"与推动新型城镇化建设结合起来的观念。第一，新型城镇化过程中应当提高人口和土地的要素匹配，整体提高城镇化的质量。第二，优化城镇化发展的模式，引导土地城镇化向人的城镇化合理回归，为经济增长提供动力。第三，抓住新型城镇化的机遇打造河南升级版：一是突破城乡二元结构，2013年预计常住人口城镇化44.3%，户籍人口城镇化率只有26.6%，这表明河南省有1600多万的非户籍城镇人口，因而必须为这些群体提供一个支持；二是城镇空间优化，做大做强的中原城市群和新型城镇化为我们提供城镇化水平、寻找新的经济增长点提供机遇，但是新一轮城镇化不能重蹈覆辙，又走房地产的老路。

张保林认为，打造"富强河南"，一是需要处理好文化资本化、经济生态化，处理好文化、生态和经济之间的关系，从而保持生态、文化与经济协调发展；二是需要处理好政府和市场的关系，进一步明确政府职能；三是积极支持人民的自主创业。

郭军指出，打造"富强河南"，首先是要研讨具体操作层面上，如何切实地把国家的三大战略落实好，让它们接地、发芽、开花。郑州航空港经济综合实验区的建设如火如荼，但是，既要加快建设进度，更要放大建设效应，即郑州航空港经济综合实验区的建设对全省经济的带动性。亦如河南省委书记郭庚茂提醒大家的那样，"必须意识到我们的目的是为了打造枢纽"，"建设现代交通大枢纽是基础，是起点，是为了形成大物流，形成大物流是为了带动大产业，集聚产业是为了建设大都市，带动城市群，最终是为了兴中原，带动全省发展"。这一科学思维及其逻辑展现出来的"富强河南"的一条技术线路图，似乎还没有被更多的人所认识，尤其是没有被市县，甚至包括许多物流园区、商务中心区的人们所感知。这些人也还没有发现，以郑州航空港经济综合实验区的建设为契机，围绕着"富强河南"，河南经济结构的调整、经济发展方式的转变正在跃升到新的层境对自己的影响，航空物流产业的兴起对河南整个物流产业的带动提升影响、各地市县和全省一道建设高成长性服务业大省的影响。所以，全面深化改革，打造富强河南，也需要解放思想、转变观念、提高认识，既要走出去引资招商，也要注重接续、融入"家门口的"、"嘴边儿"的新商机和增长点。

（与张新宁博士合作

2014 年 4 月 21 日　原载《学者之见》2014 年第 10 期）

十三、在"三总"战略谋划实施中，注重两个带动性

　　河南省委书记郭庚茂在 2014 年 6 月 25 日的"全省市厅级主要领导干部学习贯彻习近平总书记系列重要讲话和中共十八届三中全会精神研讨班"的讲话中指出，全省各级领导干部都要全面系统掌握总书记系列重要讲话的丰富内涵、精神实质和实践要求，正确运用总书记系列重要讲话精神指导河南实践，更好地把握方向、厘清思路、完善举措、推动工作，让中原在实现中国梦的进程中更出彩，并代表河南省委提出了相应的"坚定总坐标，坚持总思路，完善总方略"的未来河南经济社会发展的战略谋划。这一战略谋划既是对总书记两次亲临河南调研指导强调的"实现'两个一百年'奋斗目标，实现中华民族伟大复兴的中国梦，需要中原更出彩"的要求的理论深化，也是对学习贯彻习近平总书记系列重要讲话和中共十八届三中全会精神的实践贯彻，同时，还是向全省人民进行的一次总动员、总号召、总部署，在河南经济社会的发展史上将书写出具有转折性的、里程碑意义的一页。

　　坚定总坐标，就是要始终同党中央保持高度一致，任何情况下都能做到政治方向不偏离、政治立场不摇摆、思想路线不岔道；坚持总思路，就是要把总书记肯定的近年来已被实践证明正确的总体思路坚持下去，既把当前的事情做好，着眼今后一个时期特别是"十三五"发展，一张蓝图绘到底，一以贯之谋发展；完善总方略，就是要围绕提升河南经济社会发展的质量层次，实施"一个载体"、"四个体系"、"五大基础"、"六个保障"的总方略。如果说坚定总坐标是一种政治规

纪，坚持总思路是一种规律认知论，那么，完善总方略则是实践操作过程中的具体抓手。

就河南省现时经济社会以及"十三五"时期发展看，在"三总"战略谋划实施中，还应注重两个带动性——郑州航空港经济综合实验区建设对全省经济的带动性和国有企业对全省经济的带动性。

（一）把郑州航空港经济综合实验区建设对全省经济的带动性突出出来

粮食生产核心区、中原经济区和郑州航空港经济综合实验区，三大国家战略规划是增创战略优势，实现中原崛起、河南振兴、富民强省的根本所在。建设粮食生产核心区，一是为保障国家粮食安全做贡献，二是解决好我们自身1亿人口的吃饭问题。建设中原经济区，主要是解决好"四化"同步发展路子，即在搞好粮食生产和农业发展的同时，必须同步推进新型工业化、城镇化和信息化发展，实现全面小康；建设郑州航空港经济综合实验区，是充分发挥河南地域优势、建设大枢纽、发展大物流、培育大产业、塑造大都市，打造河南乃至中原地区对外开放的平台和窗口，形成全省体制机制创新示范区。显然，三大战略各有各自的规划功能和作用，既有对总体面的影响，也有对具体点的影响，但这里点的影响与面的影响是一体的，面以点为支撑，点以面为动能。比如，粮食生产核心区建设即是一个点的范畴，但是这个点的作为以及波及面的内容实质是：粮食生产和农业发展搞不好将直接影响到"四化"同步协调发展大局；郑州航空港经济综合实验区建设实际上也是一个点的概念，但它的建设对于整个中原经济区建设，对于整个河南经济社会发展，特别是处在当前爬坡过坎、"三期叠加"——经济增速换挡期、结构调整阵痛期、前期政策刺激消化期阶段的转变发展方式，调整产业结构、提升经济质量、扩大对外开放、全面深化改革，都是具有重要的实验性、示范性、带动性意义的，这是毋庸置疑的。所以，应该把郑州航空港经济综合实验区建设对全省经济社会的带动性作用在"三总"战略谋划的实施过程，尤其是注重在"完善总方略"的指导思想和技术线路上突出出来。

首先，应该再认识建设郑州航空港经济综合实验区的重大意义。河南省委书记郭庚茂多次指出，"河南最大的优势是区位和交通，打造现代综合交通枢纽，并以此形成物流中心，这是河南今后发展的关键，发展的命脉"，"建设现代交通大枢纽是基础，是起点，是为了形成大物流，形成大物流是为了带动大产业，集聚产业是为了建设大都市，带动城市群，最终是为了兴中原，带动全省发展"。一定要认识到"我省区位优势明显，经济社会发展的命门在交通"，"打造现代综合交通枢纽和物流中心具有深远的战略意义"，这无不反映出河南省委高层实施郑州航空港经济综合实验区战略，立基郑州、意在全省、影响带动的良苦用心，在这次市厅级主要领导干部研讨班上郭庚茂又一次重申了这一思想及重大意义。

其次，应该把"一个载体"建设同郑州航空港经济综合实验区建设紧密结合起来。一个载体包括产业集聚区、商务中心区、特色商业区（街），而航空港经济综合实验区所形成的多式联运性现代交通大枢纽及其大物流，恰恰就在于要为"一个载体"提供新的视野与契机。航空港、铁路港、公路港、e贸易等的建设，无论是对于以制造业为内容主体的产业集聚区，还是对于以商贸物流等现代商贸、商务服务业为内容主体的商务中心区、特色商业区来说，都是一种极大的、现实的促进和带动。由于航空港的国际空间性，必将增进、刷新、改善、提升河南省180个产业集聚区、176个商务中心区和特色商业区的载体规模、载体业态、载体结构、载体层级、载体质量、载体效益。

再次，应该深刻认识郑州航空港经济综合实验区作为全省体制机制创新示范区的带动性作用。区域经济发展的差异性，既有自然的、先天的因素，更有社会的、后天的因素，但是实践表明，重要的是体制机制问题。郭庚茂认为，郑州航空港经济综合实验区和产业集聚区都是河南省全面深化改革、体制机制创新的试验区、示范区，"许多市里的产业集聚区发展态势反而不如县里的产业集聚区好，主要原因还是体制问题"。那么怎样的体制和机制才能促进产业集聚区和市县经济的发展呢？恐怕还是要注意学习汲取作为河南省委、省政府"1号工程"的郑州航空港经济综合实验区建设中，不断探索的新体制机制模式，尽管实践中还有许多困惑、难题，但是从郑州航空港经济综合实验区建设的已有能量和绩效看，应该说探索是生动的，创新是成功的，对于全省市县经济、行业经济、企业经济运行，都具有积极的借鉴意义。

最后，应该在"完善总方略"的内容里鲜明地确立以郑州航空港经济综合实验区建设对全省经济社会的带动性作用的指导思想和内容表达。郑州航空港经济综合实验区建设对全省的带动性作用是客观的、现实的，现在的问题是各市县、各部门、各行业、各企业对这种带动性的反应似乎仍然是不敏感的。所以在"三总"战略谋划，特别是"完善总方略"的内容里，应强调建设郑州航空港经济综合实验区，使郑州成为一个国际化大都市，不仅仅只是提升郑州的地位，也会大大提升整个河南的地位，加快河南全省现代化的进程，对全省各市县经济社会发展都有着重要的带动作用。各市县、各行业、各企业、各级领导应该在"三总"战略谋划指引下，调理心态，抛弃狭隘的"富强河南不是富强郑州"的观念抵触，抓住郑州航空港经济综合实验区建设的大好机遇，认真地研讨、规划、链接、融入，促进郑州航空港经济综合实验区发展与各市县、行业经济发展的"双赢"。

（二）把发挥国有企业对全省经济的带动性作用突出出来

国有企业是社会主义市场经济的第一主体，也是河南省经济社会发展的基本骨干力量，在新的形势下，如何发挥国有企业对全省经济社会的带动性作用，应是坚定总坐标、坚持总思路、完善总方略的本然内容。中共十八届三中全会《决定》强调，"必须毫不动摇巩固和发展公有制经济，坚持公有制主体地位，发挥国有经济主导作用，不断增强国有经济活力、控制力、影响力"。习近平总书记在 2014 年两会参加上海代表团审议时指出，"国企不仅不能削弱，而且要加强"。所以，新型工业化、信息化、城镇化、农业现代化发展既要发挥好民营企业的重要带动作用，更要注重发挥好国有企业的重要带动作用。"三个自信"的坚守，表明着，同时也是要求着，巩固和发展公有制主体地位，积极发挥国有经济主导作用，应该成为中国经济、省域经济的轴与魂。

在近日召开的河南省十二届人大常委会第九次会议上，《河南省政府关于国有资产监督管理情况的报告》称，截至 2013 年底，全省地方国有企业共 4042 户，资产总额达到 1.8 万亿元，10 年间年均增长 15.3%；净资产 5864 亿元，年均增长 16.2%；营业收入 7469 亿元，年均增长 13.9%；实现利税 442 亿元，年均增长 12.8%。从级次分布来看，省本级国有企业 1711 户，占总数的 42.3%；市本级企业 776 户，占总数的 19.2%。从企业结构上看，国有企业总量呈减少趋势，但是，国有企业对全省经济贡献率并未同步减少。

河南省统计局 2014 年 3 月 3 日发布的 2013 年河南省国民经济和社会发展统计公报显示，2013 年全省规模以上工业企业主营业务收入 59454.79 亿元，比 2012 年增长 14.1%；利润总额 4410.82 亿元，增长 12.8%。以所有制类型看，国有控股工业利润 357.98 亿元，增长 34.3%；集体控股工业利润 269.29 亿元，下降 1.0%；非公有制工业利润 3783.55 亿元，增长 12.2%。在固定资产投资（不含农户）中，国有及国有控股投资 4237.38 亿元，比 2012 年增长 18.1%；民间投资 20746.12 亿元，增长 24.9%；港澳台商控股投资 178.81 亿元，下降 7.3%；外商控股投资 159.21 亿元，增长 6.8%。这说明国有企业在河南经济发展中依然处于举足轻重的地位，是河南经济发展的中坚力量。

《河南省政府关于国有资产监督管理情况的报告》指出，河南省先后对 5000 多户企业实施了改革改制，对 2400 多户一般竞争性的中小企业实行了改制退出，省管企业中有 10 户集团层面实现了产权多元化，拥有控股上市公司 13 家，从而使河南省国有经济运营质量近年来不断改善，影响力和品牌效应明显提升。2013 年入围中国企业 500 强的省内国企 9 户，其中省管企业 5 户，河南能源集团位列世界企业 500 强第 328 位，这些数据表明，河南省国有企业正在随着全面深化改革，不断走向现代企业制度运营，蕴含了无限的潜质和潜力。

从全省国有企业空间分布看，截至 2013 年底，32 户省管企业资产总额 8423 亿元，主要分布在工业、服务业、基础设施建设三大领域。其他国有资产则主要分布在工业、社会服务、交通运输、金融、批发和零售行业，其中，工业企业数量居"大头"，总数占 29.5%，国有资产占总量的 46.5%，其次，社会服务国有资产占总量的 15.1%。批发和零售行业在国有资产中占比最少，只有 2.6%，这些数据既反映了国有企业在各产业、行业、企业的发展现状，也表现出在各产业、行业、企业的必然的带动性作用。

《河南省政府关于国有资产监督管理情况的报告》还显示，河南省省管 32 家国有企业中，拥有国家级企业技术中心 8 个，省级企业技术中心 40 个，博士后工作站 13 个，国家级重点实验室 3 个，省级重点实验室 3 个。这也告诉我们，国有企业依然是河南省企业技术研发和创新发展的主力军，始终代表着河南省的先进社会生产力水平。

诚然，河南省国有企业还存在着许多问题，如多数布局在工业和基础设施领域，工业又主要集中在传统产业；能源原材料等产能过剩行业比重偏大，战略性新兴产业和现代服务业比重偏小；一些企业经营管理与现代企业制度运营悖反，资产负债率和经营成本居高不下；历史遗留问题和社会负担长期没有得到真正解决……这些都严重地制约和影响了国有企业效益，但也正是国有企业的目前现状，更要求我们下大气力调理国有经济布局，改善国有经济管理，增强国有经济活力。

事实上，河南省委、省政府近年来已经提出了加快国有经济布局结构调整，明晰国有企业功能分类和资本运营模式。例如，拟将全省国有企业分为以提供公共产品或公益服务为主的公共服务类；以经济效益最大化和国有资产保值增值为目标的市场竞争类；以承担经济社会发展保障任务为主的功能保障类等"三类"实施分策管理；再如，对资不抵债、扭亏无望的企业和"壳公司"，采取依法破产、清算注销等方式让其有序退出。同时，针对不同类别的国有企业，制定有区别的改革措施，进行分类监管，在重大事项监管、经营业绩考核、企业领导人员薪酬体系等方面采取有区别的措施，强调聘用职业经理人进行现代化企业管理，即推行国企高管任期制、契约化管理，逐步实现去行政化。探索建立职业经理人制度，合理增加市场化选聘比例，更好地发挥企业家作用。

但重要的是应当把发挥国有企业对全省经济社会发展的带动性作用作为议题，纳入"总坐标、总思路、总方略"的高层战略谋划，务实引导国有企业发展，明确国有企业地位与作用，重振河南国有企业雄风，提升河南国有企业竞争力。

（2014 年 8 月 14 日　原载《学者之见》2014 年第 16 期）

十四、充分认识"三个大省建设"的理论内涵和实践价值

2014年6月25日，河南省委书记郭庚茂在"全省市厅级主要领导干部学习习近平总书记系列重要讲话和中共十八届三中全会精神研讨班"的讲话中，不仅代表省委提出了"坚定总坐标，坚持总思路，完善总方略"的未来河南经济社会发展的战略谋划，还进一步强调了要"做强工业、做大服务业、做优农业"，"建设先进制造业大省、高成长服务业大省、现代农业大省"，即"三个大省建设"的技术线路，从而使河南经济社会发展，特别是推进经济结构优化升级，加快转变经济发展方式，全面提升经济竞争力有了基本的模式遵循。"三个大省建设"，尤其是高成长性服务业大省建设，符不符合河南省情实际，有没有理论与实践支撑，这是摆在我们理论界、社会各界面前一个需要认真研讨的课题，只有从理论和实践上认识到了，才有可能统一思想，真正贯彻。

"三个大省建设"是河南省按照产业结构演变规律办事的生动体现，所不同的是它超越了传统的第一、第二、第三产业概念，直接切入现代产业主导与主体，突出地强调了第二产业的先进制造业和围绕先进制造业出现的第三产业的高成长性生产服务业发展大势，既总结了产业结构演变新的内容特点，也明晰了产业结构优化升级新的内容重点，而这一带有积极创新意义的发展产业的路数，更是有着产业结构演变的经典研究理论和发达国家、地区的实践支撑的。

(一) 产业结构演变规律的经典研究理论

产业结构演变规律的研究始于 20 世纪 50 年代以后，尽管在此之前已有经济学家关注这个问题，但真正从工业化、产业结构以及经济增长的角度来进行广泛深入的实证分析，还是在 20 世纪 50~80 年代，以克拉克、库兹涅茨、钱纳里，以及马克思等为代表的一些大师的研究，都揭示了产业结构演变的一般规律，即随着经济发展，第一产业比重降低，第二产业比重逐步上升趋于稳定，第三产业比重持续增加。

威廉·配第也许是最早提出产业结构演变规律的经济学家。1691年，配第研究了当时英国经济发展状况指出，产业革命将使得人们的生产逐渐由有形财物的生产转向无形服务的生产。并认为，工业往往比农业、商业往往比工业的利润多得多，因此，劳动力会不断地由农业转向工业，而后再由工业转向商业。1940 年，科林·克拉克在威廉·配第的研究成果基础上，计量和比较了不同收入水平下，就业人口在三次产业中分布结构的变动趋势，克拉克认为他的发现印证了配第的观点，故后人把克拉克的发现称为配第—克拉克定理。该定理一般表述为，随着经济的发展和人均国民收入水平的提高，劳动力首先从第一产业向第二产业转移，当人均国民收入水平进一步提高时，劳动力便向第三产业转移，进而一些学者解释为，随着国民收入水平的提高，第一产业国民收入和劳动力的相对比重逐渐下降，第二产业国民收入和劳动力的相对比重上升，经济进一步发展，第三产业国民收入和劳动力的相对比重也开始上升。配第—克拉克定理还揭示出，人均国民收入水平越低的国家，农业劳动力所占份额相对越大，第二、第三产业劳动力所占份额相对越小；反之，人均国民收入越高的国家，农业劳动力在全部就业劳动力中的份额相对越小，而第二、第三产业的劳动力所占份额相对越大。

美国著名经济学家西蒙·库兹涅茨在《各国的经济增长：总产值和

生产结构》（1971）一书中提出了与配第—克拉克定理一致的结论，并且超越一国经济局限，对 1958 年 57 个国家相关生产部门在国内生产总值中的份额，以及 1960 年 59 个国家劳动力的生产部门份额进行了实证分析，进一步揭示了产业结构变动与经济发展的关系，即随着劳动力在各产业之间的转移，农业部门在国民收入中的份额将不断下降，而工业部门和服务业部门的份额则不断增长。或者说，随着经济增长，农业部门的国民收入和社会就业在整个国民收入和总就业中的比重均不断下降；工业部门国民收入比重大体上升，而就业比重大体不变或略有上升；服务部门国民收入比重大体不变或略有上升，而就业比重呈上升趋势。

美国哈佛大学教授霍利斯·钱纳里则运用一般均衡性质的结构变化模型，通过国际比较，表明了经济增长是不同产业和经济部门生产结构变化的结果。在《发展的型式 1950~1970》（1975）一书中，钱纳里描述了经济发展过程中结构转换的一般过程。他通过运用统一的回归方程对 100 多个国家数据的处理，得出每一结构变量随人均收入增长而变化的逻辑曲线，从而得到了标准或常规的发展型式：在人均国民生产总值 100~1000 美元发展区间，第一次产业附加价值的市场占有率从 52.2% 下降到 13.8%；制造业的市场占有率则从 12.5% 上升到 34.7%；公共服务业和一般服务业的市场占有率不断稳定上升。

马克思虽然没有系统的产业结构方面的论述，但是他的再生产理论、资本循环理论、两大部类生产理论等，事实上已经蕴含了相应的思想，特别是他首先提出了生产资料生产优先增长的规律。列宁则将马克思的这一思想和资本有机构成的理论及再生产公式相结合，提出了在技术进步条件下，生产资料生产优先增长的规律。他指出，在扩大再生产过程中，"增长最快的是制造生产资料的生产资料生产，其次是制造消费资料的生产资料生产，最慢的是消费资料生产"。

（二）产业结构演变的经典国家和地区例证

从西方国家和地区经济发展的历史看，工业化过程中产业结构的演变各具特征，并不完全符合克拉克以及库兹涅茨等人的研究结论，但随着经济发展，最终都表现为第一产业比重降低、第三产业比重持续增加的一般规定性。

1. 美国产业结构的演变

美国在19世纪70年代以前，由于农业生产力水平低下，农业就业人数占三大产业总数的一半以上。随着第一次技术革命的兴起，农业劳动力人数和产值在总体中所占的比重下降，产业结构重心开始从农业向制造业转移；在大约50年的时间内，美国经济完成了产业的工业化，并逐渐走向工业化高峰；"二战"以后，在第三次技术革命浪潮推动下，美国产业结构的重心又开始从制造业向服务业转移，从传统产业向新兴的高技术产业转移。总体来看，特别是"二战"以来，美国三次产业结构演变的规律是从"一二三"、"二一三"、"二三一"到"三二一"的转变。2008年末，美国金融危机的爆发，促使美国推出"再工业化战略"，这一战略的内核目的是重拾实体经济，为服务经济的发展注入可服务的对象。再工业化战略的实施结果表明，以现代先进制造业为主的再工业化为美国创造出较多的制造业岗位的同时，也对生产性服务业岗位的创造产生了一个乘数拉动效应。所以说，美国现阶段"三二一"的三次产业结构是符合经济发展的后工业化阶段特点的最优产业结构。美国的经济增长和产业结构合理化、高级化的经验，已经成为世界各国研究和效仿的典例。

2. 俄罗斯产业结构的演变

俄罗斯产业结构变化是随着俄罗斯经济的转轨、复苏、稳增长之后，三次产业结构才步入真正的调整，但它的起点较高，即朝向产业高级化的发展。数据显示，在俄罗斯GDP的产业构成中，第一产业的产值比重降幅最大，从 1991 年的 18.6%降到 2006 年的 4.1%；第二产业的比重基本保持稳定，一直保持在 45%~48%之间，比 1991 年略有提高；第三产业的比重则不断提高，从 1991 年的 40.2%升至 2003 年的 49.6%，之后略有下降。可以看出，俄罗斯的第三产业占国内生产总值的比重正在接近发达国家。同时，产业结构的变化带来就业结构的变化。俄罗斯经济中整体的就业水平在增长，其中，农业的就业人口在快速减少，工业和建筑业的就业水平在缓慢下降，而服务业的就业水平以 2%以上的速度递增。

3. 印度产业结构的演变

有研究指出，印度独立 50 年来，三次产业的劳动力构成及其重心移动表明，并不完全符合配第—克拉克定理所揭示的，随着人均 GDP 的增长，劳动力的转移顺序是从第一产业向第二产业转移，再从第二产业向第三产业转移的规律，即不是首先向第二产业转移，而是同时向第二和第三产业转移，并且，向第三产业转移的速度大于向第二产业转移的速度，出现第三产业的就业比重一直高于第二产业。这说明印度的第三产业在整个国家产业结构中居于主导的、支柱的地位，也因这样，印度劳动力随着人均 GDP 的增长首先向第三产业转移，由此形成了"一三二"型产业结构及其劳动力格局，这是印度产业结构和劳动力结构演变的一大特点。

4. 中国香港及新加坡产业结构的演变

中国香港和新加坡在 20 世纪 60~80 年代曾经与韩国、中国台湾一同被列为"亚洲四小龙"，跨入"新兴工业化国家/地区"行列，因此，中国香港与新加坡在产业结构的演变过程中有许多相似之处。一是它们都是从海岛渔业起步，逐渐凭借其独特的地理区位，发展成为亚太地区贸易转口港，形成以转口贸易为内容特征的产业结构；二是 20 世纪 50~60 年代，随着世界范围内大规模的产业梯度转移，中国香港、新加坡顺势抓住这一机遇，实施"出口导向"战略，实现了工业化，迈入"新兴工业化国家/地区"，成为亚太地区重要的制造业中心；三是中国香港和新加坡作为区域空间有限性经济体，始终立足于区位优势，大力发展第三产业，包括在工业化主导时期，第三产业在国民经济中一直占居绝对比重，并且在第三产业内部结构演变中，加快进出口贸易、金融、旅游、文化、科技、教育等生产性服务业发展，造就了中国香港和新加坡成为亚太，乃至世界的贸易中心、金融中心、旅游中心、交通枢纽中心等。

（三）加快生产性服务业发展是一种趋势

如前所述，无论从理论还是实践看，工业化中后期，第三产业及其内部结构的调整升级将成为各国或地区产业结构演变的一种新的特点和趋势。这种特点和趋势，既表明产业发展在总体上最终趋向第三产业，又昭示着第三产业内部也会发生变化，即随着先进制造业的发展，生产性服务业的发展必然呈相对和绝对增大态势。抑或说，在工业化中后期，生产性服务业的发展会快于生活性服务业的发展，生产性服务业的加速发展成为未来经济社会发展的一个新热点和增长极。

生产性服务业是相对于生活性服务业而言的。生产性服务业依附于制造业而维系于工业生产的上游、中游和下游各个环链节点。根据《国务院关于加快发展生产性服务业，促进产业结构调整升级的指导意见》（国发〔2014〕26号），现阶段，我国生产性服务业重点发展研发设计、第三方物流、融资租赁、信息技术服务、节能环保服务、检验检测认证、电子商务、商务咨询、服务外包、售后服务、人力资源服务和品牌建设。

近几年来西方发达国家服务业增加值占比普遍超过70%，生产性服务业增速高于服务业平均增速已成为不争的事实。发达国家依靠研发设计、商务服务、市场营销等生产性服务业领域的领先优势，主导着全球生产网络和产品价值链，显著提高了产业发展素质和资源配置效率，获取了巨大的转型经济利益。与美国、日本、德国、法国、英国相比，我国生产性服务业占 GDP 的比重在 15%左右，不到发达国家生产性服务业比重的一半。与巴西、俄罗斯、印度、南非等"金砖国家"相比，从服务业产值占 GDP 比重的变化趋势看，我国与巴西、南非、俄罗斯相似，服务业比重都在下降，唯有印度在上升。从服务出口中生产性服务的比重看，中国不到 60%，而印度已经达到 76%。具体到生产性服务业各细分行业的出口，中国的交通运输和其他商务服务所占的比重较大，两者合计占到了服务出口的一半以上。印度的生产性服务出口中，信息服务非常突出，是我国的 10 倍之多。

早在"十五"、"十一五"规划中，国家就已开始重视生产性服务业发展问题，并提出了相关意见，但事实上真正务实推进也就是近年来的事情。而引起国家高层关注的另一个重要原因，是我国和各个省区长期依靠资源投入和出口需求驱动的粗放型增长模式，造成的资源大量消耗、污染日趋严重的非正常经济环境。鉴于此，我们大力强化了经济转型，转型的一个重要内容就是扩大服务业比重，尤其是生产性服务业发展比重。大力发展服务业特别是生产性服务业，已经成为我国各级政府和产业界人士的共识，越来越多的人们开始认识到，发展生产性服务业不仅是产业结构优化升级的一个重要方面，而且还是与世界产业经济对接融入国际经济大循环的一个有力抓手，而对于提升地区产业竞争力、优化地区经济结构、降低社会交易成本、提高经济运作的边际效应等重要作用，更是不言而喻的。

发展生产性服务业，一个重要的因素还在于顺应我国人口多，就业压力大的国情。有专家指出，我国生产性服务业总体的就业水平低于发达国家，大约占其就业水平的一半，其中，交通运输业和金融业的就业比重与发达国家差异不大，交通的就业比重甚至还高于美国，金融业高于日本。房地产业就业比重与发达国家差距较大，不到发达国家就业比重的一半。因此，专家认为，不论是产值还是就业方面，我国生产性服务业与发达国家的差距主要在房地产业,房地产业比重过低,发达国家是我国的4~5倍。

(四)"三个大省"建设体现的是一种理性决策

如果说20世纪60~80年代,中国香港和新加坡利用了当时世界产业结构大调整的机遇,发展了自己的工业,进一步带动了服务业,那么,我国和我省也应该注意利用好以美国为首的再工业化战略,重拾实体经济,发展生产性服务业,走高端服务业之路,以站位高起点、大平台、新视野,促成产业高级化,融入大区域和国际经济一体化运营。从这一意义上讲,我们一定要高度重视和认真消化2014年8月6日《国务院关于加快发展生产性服务业促进产业结构调整升级的指导意见》和2014年5月8日《河南省人民政府关于建设高成长服务业大省的若干意见》,加快生产性服务业发展,进一步推动产业结构调整升级,破解和改善我国生产性服务业发展相对滞后、水平不高、结构不合理等被动消极状况。

河南省"建设先进制造业大省、高成长服务业大省、现代农业大省"的战略指向,既是顺应国际产业调整大势,也有着自己的发展基础条件可能。

1. 立基于地理区位和交通优势,把住了河南经济的命脉

近年来,随着粮食生产核心区、中原经济区、郑州航空港经济综合实验区国家三大战略规划的实施,河南省委、省政府高层在深入调研论证的基础上,再一次认真地梳理了河南经济,特别是围绕"三化协调"、"四化同步"科学发展实践,进一步明确了"河南最大的优势是区位,河南经济的命脉在交通"的思维观念,聚焦"三大战略",以郑州航空港经济综合实验区建设连接国内外的铁、公、机一体化运营的综合交通枢纽,以期构筑大平台,发展大物流,引领大产业,带动城市群,形成新的产业结构体系,全面提升河南产业的水平层级和竞

争力。所谓新的产业结构体系，即立足区位交通优势，发展以商贸物流为主体的高成长性服务业，这是河南产业结构的新的内容特征，凸显了区位优势与产业结构的内在联系，揭示了未来河南产业规划重点和产业政策指向。

2. 呼应于科学载体，激活了大省产业潜质

从发达国家生产性服务业发展的经验来看，制造业和服务业融合发展越来越紧密，并且形成一种互动关系，随着企业规模的扩大和国际市场竞争加剧，企业内部的服务项目不断地分离出来，成为独立的专业生产性服务业。也就是说，服务业的发展，特别是生产性服务业的发展，始终是和先进制造业的发展相联系的。河南省生产性服务业的发展除了电子产品、信息服务、科教、金融、旅游、物流等商务服务的现实需求以外，生产性服务业发展还是与已经建设起来的 180 个产业集聚区、176 个商务中心区和特色商业区的科学载体相呼应的。2008 年始建至今的产业集聚区，以先进制造业为主干，代表着河南工业化的水平层次，是河南工业化发展的内容支撑，而其迅猛发展的势头，对生产性服务业的需求成为现实性、必然性、持续性，孕育着生产性服务业发展的极大空间和潜力。2012 年规划建设的商务中心区和特色商业区更是为商贸业和商务服务业的发展提供了实在的平台场所，也使得建设高成长性服务业大省有了坚实的物质支撑。可以说，科学的载体为高成长服务业大省建设浇注了坚实的根基，高成长服务业的发展又会极大地激活产业运动的各种载体。

3. 放大河南经济规模，增加河南就业总量

《河南省人民政府关于建设高成长服务业大省的若干意见》提出，要加快改造传统服务业，包括批发零售、住宿餐饮、房地产以及其他公共服务等，同时，将现代物流、信息服务、金融、旅游、文化、科教、商务服务等生产性服务业发展列为提速工程，这不仅会大大扩充河南经济的规模总量，还将有力地拉动和增加河南劳动就业的规模总

量。按照政府工作报告，随着我国户籍制度放开以后，国家将在未来的几年里，着重促进约 1 亿人农业转移人口落户城镇，改造约 1 亿人居住的城镇棚户区和城中村，引导约 1 亿人在中西部地区就近城镇化，即解决好现有"三个 1 亿人"问题。为不使城镇化落得个空中楼阁，实际上我们面临着巨大的就业压力，需要更多更大的产业及其生产过程来吸纳安置，而服务业无疑是一个重要渠道。《河南省新型城镇化规划（2014~2020 年)》称，河南省到 2020 年，争取新增 1100 万左右农村转移人口，户籍人口城镇化率达到 40%左右，郑州市中心城区常住人口达到 700 万人左右，洛阳市达到 350 万人左右，10 个地区性中心城市达到 100 万人以上，13 个左右城市（县城）达到 50 万~100 万人，80 个左右城市（县城）达到 20 万~50 万人，100 个左右中心镇镇区达到 3 万人以上，这些规划的实现显然都是以产业为基础前提的。这就要求一方面积极稳固传统产业的就业规模，另一方面要调整产业结构，积极发展吸纳能力强的服务业，创造创新产业结构与就业结构关系，以生产性服务业崛起为契机，顺势拉动河南就业的规模总量。世界银行 2006 年发布的世界发展指数显示，全球生产性服务业占服务业比重已达 68%，发达国家达到了 72%。而相比河南省生产性服务业增加值占服务业增加值的比重为 52.5%，与世界平均水平还有一定距离。这不仅说明我们今天发展生产性服务业的思路和方略的正确性，也表明我省发展生产性服务业的空间，从而储蓄了扩大就业的空间能量。

应该指出的是，认识"三个大省"建设，不仅应认识到这是一种规律使然，还应注意研讨美国、印度等国家地区的实践典例对我们的启示。美国再工业化战略引领美国先进制造业和服务业共同提供就业岗位，促进经济持续发展，降低美国失业率；印度跨越第二产业，大力发展第三产业，尤其是电子、信息、研发等生产型服务业，构筑特色产业，改善就业的数量与质量等。这些经典实例足以提醒我们，"建设先进制造业大省、高成长服务业大省、现代农业大省"的思路和方略有着极为深刻的内涵要义和极为重大的实践价值。也只有这样，才有可能真正理解河南省委、省政府高层决策"三个大省"建设的思想真谛，才有可能把三大战略规划落到实处，才有可能实现中原崛起、河南振兴、富民强省的宏伟目标，才有可能让中原在实现中国梦的进程中有作为，更出彩。

（与河南财经政法大学经济学院王艳萍教授合作

2014 年 8 月 26 日　原载《学者之见》2014 年第 17 期）

十五、浅论科学推进城镇化

最近，大家都在从不同的视角和层面品味着河南省委书记郭庚茂提出的要"科学推进城镇化"的思维观念，尽管认识各异，但有一点是共同的，即都认为从城市化到城镇化、再到新型城镇化，从理论到实践，从省内到省外，从"三化"协调到"四化"同步，应该就这些年城镇化的发展做一定梳理、总结，研究一下到底应该怎样科学推进城镇化的问题了。毋庸置疑，包括李克强总理在内，一直认为城镇化是未来中国经济社会发展的重要引擎，学者专家更是把城镇化称为新一届中央领导集体手中的一张王牌。然而城镇化到底怎么化，事实上，从中共第十五届四次全会通过的《关于制定国民经济和社会发展第十个五年计划的建议》里，从中央高层首次认可和使用城镇化这个概念开始，党政部门、学者和社会各界就已经开始了关于城镇化之"化"的问题的研究探讨，正是不断的研讨和实践，有力地促进了城镇化的发展。在今天，在河南进入国家粮食核心区、中原经济区、郑州航空港经济综合实验区三大战略运作的新形势、新要求背景下，认真研究如何进一步科学推进城镇化的问题，既符合中央的战略部署和目标指向，也有利于拉近河南实际，特别是能够在这几年的河南经济"热"运行中做到"冷"思考，明确路径、理性发展。笔者认为，所谓"科学推进城镇化"，重要的是应该从理论上深刻地、全面地认识怎样算是科学，怎样算是城镇化，怎样算是科学推进城镇化。一家之言，谨向大家求教和交流。

(一) 再度审视"科学"、"城镇化"的概念

科学,"是关于自然界、社会和思维的知识体系……是人们实践经验的结晶"。这是《辞海》1979年对"科学"的解释。20年后,1999年修订后的《辞海》写道,"科学,即运用范畴、定理、定律等思维形式反映现实世界各种现象的本质之规律的知识体系"。法兰西共和国的《百科全书》给出的定义是,科学不同于常识,它通过分类,以求事物之中的条理,即揭示支配事物运动的规律。现实中我们对科学的理解述说是,科学是对大自然及其人类经济社会实践活动的已知或未知所进行的探讨,以发现其某种带有典型性、普遍性的规律,并上升为理论与文化的传承创新,影响和促进人类的文明发达。

科学是人们应对世界、认识世界、创造世界的学问之大成,是一种世界观,包括人们的价值取向、人们的规律意识、人们的方法手段、人们的实践评价等,因此人们总是希望有一个科学的发展观。对科学的探索,使得人们越来越认识到规律是不以人的意志为转移的,不按规律办事就会受到规律的惩罚。从这个意义上说,科学的内涵和外延,就是要按照经济社会运动的规律办事。1888年,达尔文曾给科学下过一个定义,即"科学就是整理事实,从中发现规律,作出结论"。这个定义本质的、内核的东西——科学就是研究实践过程中的事实与规律。达尔文认为,科学,必须实事求是,必须建立在实践基础上,必须经过实践检验,揭示和反映客观事物的本质及运动规律,科学不能超越现实,不应该是"纯思维的空想"。

城市的出现,被称为人类文明史上的一次最伟大的进步,并随着工业革命的兴起,城市化进程日益加快,不断地改变着人们传统的生产方式、生活方式、居住方式,以及价值观念等,城市经济从而成为一国或地区经济社会的主导与主体。纵观世界城市发展的历史,城市的产生除了区域分工因素外,其根本的、内在的动因,主要还在于追

求集聚经济效应。也就是说，城市本身首先就是一个经济体，是一个经济活动的空间集聚区，人们或因为商品交换、商务服务活动需要，集聚在一个空间场所，最后演变成一座城市；或因为生产、流通需要，集聚在一个空间地域，最后演变成一座城市。无论是"因城而市"，还是"因市而城"，也不管形成的是大城市，还是小城市，以及城市的名气影响、大小好坏，城市的基本支撑力与竞争力都体现为它的经济实力，包括城市人的创造创新力和城市产业经济活力。

城市化的发展，各国、各个地区之间由于国情、区情特点、人文历史的不同，有着不同的路径选择。我国的城市化从总体上看，中央高层决策者定位为走一条城镇化发展的路子，这是由我国依然是一个农业大国、人口大国，而工业化又尚处于中期阶段的基本国情实际所决定的。也就是说，我国的城市化，必须面对大量农村人口减少、广大农民增收以及促进农业现代化的问题。所以，城镇化与城市化的区别在于城镇化是就农业、农村、农民生产与生活方式的时空环境条件转换而言的，即城镇化"化"的对象是"三农"。城镇化的过程，也就是解决农业生产方式转换、农村居住环境空间转换，农民文化素质和生活条件转换的过程，抑或说农业转移人口市民化的过程。需要指出的是，城镇化是一个过程，这一过程时间的长短，并非是行政性的主观设定，而是取决于农民进城的生存能力与城市接纳农民的承载能力，也就是一方面要借助城镇化重组社会劳动力资源，真正形成人的城镇化；另一方面要有实体性产业经济活动，支撑和推进城镇化发展。

（二）科学推进城镇化，就是要按照客观规律办事

城镇化的本位主体是人，城镇化的张力客体是产业，城镇化的过程是实现人们生产方式、生活方式朝着现代社会经济转变的过程，所以必须要有一个科学的发展观，必须要按照经济社会发展的客观规律办事。科学推进城镇化，首先要使城镇化符合社会主义基本经济规律。

社会主义基本经济规律体现着社会主义的生产目的，反映了社会主义制度的基本价值取向。社会主义基本经济规律要求城镇建设应该有利于构筑一个"自由人联合体"，并能够在这个"自由人联合体"里，使得每一个人都能够自由地、全面地发展自己的智力和体力，从而解放生产力、发展生产力，不断满足人们日益增长的物质和文化生活需要。所谓人的城镇化其内涵要义也就在于此。

科学推进城镇化，就要遵循价值规律的内在要求，更多地发挥市场机制的作用。价值规律是商品生产、商品交换的一般法则，它要求生产要素的交换通行等价交换原则，并以价格为杠杆，实现对经济和社会资源的有效配置。实践一再证明，城市的活力与生机全在于"市"的"场"动性，即"市气"、"气场"，包括生产资料市场、生活资料市场、地产品市场、舶来品市场，以及由此带动的劳动力市场、技术市场、资本市场、土地市场等，市场不健全，或是有场无市，或是市场疲软，都很难使得"城"有所发展，城市城市，"城"与"市"不可分割，往往市场的力量决定了城市的能量和潜质。市场经济的运行要求遵循价值规律、等价交换的原则，所以城市也好，城镇也好，应该更多地发挥市场调节的基础性作用，变政府主导、政府推动，为政府注意运用市场的力量来建设城镇。城镇化的过程，既要有市场活力，更要有产业支撑。产业入市一定要坚持价值规律和市场法则，在当前既要依靠原有的国有经济，还要大力发展和引进非公有制经济，动员一切积极因素推进城镇化。

科学推进城镇化，还应贯彻生产关系适应生产力性质规律，即改革发展规律。城镇化率低，反映的是生产力水平低，城镇化发展的不平衡，反映的是生产力在部门和地区之间的不平衡，其症结是生产关系不适应生产力发展的性质要求，违背了生产关系适应生产力性质规律。也是针对这一状况，我们实施了改革开放，并在改革开放中不断完善社会主义生产关系，包括物质资料所有权关系、劳动力所有权关

— 118 —

系、中央与地方关系、政府与企业关系等，极大地促进了生产力的发展。但是受制于多重因素的制约，我国的生产力水平与世界发达国家之间还存在着较大差距，从而也使城镇化水平徘徊不前。这便告诫我们，城镇化的发展是与整个国家的生产力发展相联系着的，绝不可以认为城镇化的发展是一蹴而就的。但也不能因此而被动消极，一定要发挥自己的积极性、主动性、创造性，立足本地，发挥优势，扬长避短，加快城镇化的步伐，尤其是我省优劣势明显，机会与挑战并存，推进城镇化还是有条件的，只要我们进一步解放思想、转变观念、深入实际、大胆实践，我省的城镇化必将会有一个大的跨越。

（三）科学推进城镇化，谨防误入"拉美陷阱"

城镇化是人们希望的，但是城镇化道路从来都不是平坦的。拉丁美洲的一些国家进入 21 世纪初，人均 GDP 达到 2000 美元，城市化进程加快，但城镇化发展没有为整个国家经济社会增添多少活力，也没有使"三农"问题圆满得以解决，反而出现经济社会的停滞。人们在分析这一现象后，对城镇化提出了可资借鉴的经验。一是由于缺乏实体性经济能量，特别是形不成第二、第三产业的支撑，进城农民大多处于失业和半失业状态，没有可靠的收入来源，于是就产生出新的、大规模的城市贫民，造成社会不安定的、动荡的新危机源；二是由于缺乏经济积累和人文脉络的积淀，工业化、城镇化、农业现代化"三化"的非协调性发展，加之自然环境保护、生态经济社会意识淡薄，新市民与老市民、城市生活与乡村生活，难以对接，矛盾重重，出现了许多新的城市病，城市化发展遇到尴尬局面；三是由于缺乏城市基础设施和社会公共产品供给，农业转移人口市民化以后，要么无力购买商住房，困居在新型"棚户区"，要么拉动房产市场需求，助推城市房产价格上扬，导致整个城市的投资、消费失衡，出现社会通胀；四是由于缺乏宏观规划，当大量农民涌进城市以后（拉美国家在加快城市化进程期间，农业转移人口占到城市人口的 40%），城市的公共医疗、文化教育、失业救助，以及给排水、电力、燃气、交通等不堪重负，城市化进退维谷。

按照一般经济社会规律，当一个国家或地区的人均 GDP 达到 3000 美元，即世界中等收入国家水平时，城市化便进入加速期。而在许多发展中国家却是一方面积极推进城市化，另一方面又遭遇着城市化的尴尬，最令人困惑的就是大量农民离开土地，渴望进城做市民，而城市产业经济的局限，又提供不了足够的就业机会，无法保证失地农民的就业，这就是所谓的"拉美陷阱"，也称"中等收入陷阱"。世界银行 2006 年的《东亚经济发展报告》把此概括为，鲜有中等收入的经济体能够成功地跻身于高收入国家，这些国家往往陷入了经济增长的停滞期，既无法在工资方面与低收入国家竞争，又无法在尖端技术研制方面与富裕国家竞争。有关资料显示，巴西在 2002 年时，人均 GDP 已经超过了 3000 美元，城镇化率达到 82%，但它的贫困人口占到人口总量的 34%。一些学者研究还发现，包括巴西、阿根廷、墨西哥、智利、马来西亚在内的许多国家，20 世纪 70 年代即进入世界城市化发展和中等收入国家行列，人均 GDP 保持在 3000~5000 美元的高增长阶段，然而一直到 2007 年，它们的经济增速事实上处于徘徊不前的境地，也没有让人看出未来增长的动能与潜力。为什么这些国家历经十几年、几十年的城市化发展，还是进入不到 10000 美元的高收入国家行列呢？拉美国家"经济有增长、社会无发展"的城市化及其经济社会发展的历史教训是深刻的，因素也是多方面的，有一点却是必须关注的，这就是它的城市化过程、它的经济社会运行，并没有真正地、彻底地解决好农业、农村、农民"三农"问题。"三农"问题的拖累并长期得不到有效解决，延缓和阻滞了城市化的真正实现，这恰恰给我国的城镇化提供了警示，我们既不能期望城镇化"一揽子"解决所有问题，也不能消极悲观不作为，而是要汲取别国的经验、教训，务实地探索出一条实在的、中国的、河南的城镇化道路，在城镇化过程中实现中国梦，实现中原崛起、河南振兴。

（四）科学推进城镇化应该是实事求是，顺势而为

科学推进城镇化的中心意义就是造就人们安居乐业的现代经济社会活动的美好空间，但是城镇化是一个过程，受制于多方面因素影响，所以要实事求是，顺势而为。实事求是，就是要从我国、我省实际情况出发，按照经济社会运行的客观规律，认真探索城镇化的形式、路径、机制；顺势而为，就是要把城市有没有产业支撑、市民有没有收入来源作为农业转移人口市民化、推进城镇化的基础前提，达成工业化、城镇化、农业现代化"三化"协调发展。

城镇化是一个过程，可以有多种形式和路径选择，只要有利于城镇化发展，都可以大胆尝试。有计划地引导农民进入大中城市是一条路子；立于县、镇城区空间，实现人口、资源、经济要素的集聚，也是一条路子；由某些中心村辐射带动形成的新型农村社区实现乡村都市化，也是一条路子。关键的是城镇化在形式上不能刮风、不能跟风、不能绝对化、不能走极端。一说农民进城，就绝对地、极端地让农民"被进城"，"被上楼"，"被市民"；一说农民就地城镇化，就绝对地、极端地画地为牢，将农民"被城镇"、"被社区"、"被现代"。实践是检验真理的唯一标准，让实践说话。一种形式、一条路子，都是在探索，因此，政府和学者都不应急于评论，更不要干预实践探索，发挥地方基层人们的主观能动性，给地方基层人们经济运行、经济方式创新的自主权，生活空间、生活方式选择的自主权。

科学推进城镇化，说到底，就是郭庚茂同志这几年一直强调的城镇化发展中的产业支撑和产城融合问题，这是城镇化能不能"化"起来、"化"下去、"化"得好的根本所在，也就是经济学理论所揭示的城市的起源、城市的持续、城市人及其城市的经典生活，都是以相应

的产业为基点的。纵观人类城市的发展史，尤其是发达国家城市的变迁，无非具有两个特征：一是城市因产业集聚而形成和发展，这是一个自然而然的城市的崛起；二是城市因产业发展定位不同而自然而然地区分为各具特色的城市，所以，城镇化的过程，也可以说就是一个产业化的过程。如以农业自然资源、第一产业为依托形成的农业生产、农产品加工和商品贸易流通性城镇；以第二产业为主体、从事国民经济装备业制造的工业城镇；以交通地理区位条件优势、从事第三产业为主的商业服务业城镇；并且城镇规模大小不同，特色定位亦不同，体现着现代经济社会在区域间的分工合作关系。再如北京，历史上到现在，一直都是以第三产业为主导的，它的定位为"首都"、"京都"，事实上就是一座以文化产业为支撑的文化城；郑州，自古以来一直就是一座商贸城，这是由它的资源条件、地理区位、历史文脉决定的；巩义的回郭镇，是工业名镇，代代承传着该镇工业经济社会的史事；西辛庄村建"市"，是因为李连成为了让村里人过上和城里人一样的生活，大力发展了产业，即第一、第二、第三产业综合发力，有了城市的经济根基与潜力。在当代中国，只要有产业支撑，城镇化就会是千姿百态的，大有希望的。

城镇化没有统一的模式和标准，城镇化率的高低因地区差别化、非均衡性发展，也无须都要与国家的水平相比较，更无须非要与发达国家看齐。河南省 2008 年城乡发展规划提出，到 2020 年全省城镇人口达到 5400 万人以上，从而城镇化率达到 50%以上。从统计数字看，应该不难，但实际城镇化过程则是任务繁重的，特别是在现时国内外经济几乎持续走低，中央实施"稳增长、调结构、促改革"的宏观经济运行方略下，又加剧了城镇化的严峻性。所以，研究探讨科学推进城镇化就更有必要、更具现实的意义。

（2013 年 7 月 28 日　原载《学者之见》2013 年第 10 期）

十六、从体制机制理论看推进新型城镇化科学发展的着力点

——"完善体制机制，推动河南新型城镇化科学发展"命题的理论思维

河南发展高层论坛第 61 次会议的主题是"完善体制机制，推动河南新型城镇化科学发展"，围绕"完善体制机制，推动河南新型城镇化科学发展"，包括 2013 年 12 月末《中共河南省委关于科学推进新型城镇化的指导意见》的出台，2014 年 3 月末《中共河南省委关于贯彻党的十八届三中全会精神全面深化改革的实施意见》的下发，省城社科理论界事实上一直在不同范围、不同形式，以不同视域、不同层面进行着理论研讨，研讨的焦点也主要就是集中在如何做好体制机制的文章，务实地、科学地推进河南新型城镇化发展。

新型城镇化，新在要有城镇化发展新的理念、新的内容、新的标志，更要有新的体制和机制。这些年政府也好，学界也好，都在城镇化发展过程中进行了积极探索，但大家又都感觉到存在着诸多困惑，而当面对这些困惑，理不出头绪，找不到问题的缘由症结时，又都会想到和指向体制机制上来，认为还是体制机制的问题。而当我们高喊着深化体制机制改革，科学推进新型城镇化，却又总是陷入迷茫——不知道究竟应该从哪儿入手切入。所以，在今天我们再次研讨完善体制机制，寻找推动河南新型城镇化科学发展路径的时候，还是要回到理论，理论之树常青，我们必须回到体制机制的一般理论，以便能够给出一个理性的思维和遵循。

（一）在制度体制和国家治理能力两个维度完善提升上着力

马克思主义理论告诉我们，体制是制度的具体化，制度是生产关系的体现。有什么样的生产关系，就会有什么样的制度，从而也就会形成什么样的体制。社会主义生产关系及其制度要求必须有社会主义体制与之相适应，包括社会主义经济体制、社会体制、文化体制、政治体制等。体制作为制度的具体化，反映着一个国家的国体、政体及其组织过程的实施，从而表现出一定相应制度规范下，国家治理经济社会文化政治的能力和水平，所谓改革与发展，本质上是就国家治理体制的建构、运营、调整、完善、创新而言的。宏观经济能否保持繁荣，微观经济能否充满生机，不仅是对现行制度体制的一种理论研判，更是对现时国家治理的一种科学考量。中共十八大和中共十八届三中全会强调国家治理能力现代化，一方面表明国家着力于完善提升制度体制水平效应，另一方面强化了政务治理、社会治理、市场治理，发挥政府和市场两只手作用的必然性和紧迫性。有关方面数据显示，我国户籍城镇化率只有 27.6%，同时 2/3 的社会流动人口不愿意放弃原有农村户籍，这种人口与户籍分离的现象，不仅拉低了中国城镇化率与国际上城镇化水平的差距，而且，将极大地制约着新型城镇化的进程，非常不利于工业化、城镇化、农业现代化"三化"协调科学发展。显然，看城镇化发展，特别是推进以人为本的新型城镇化发展，就应首先从制度体制和国家治理能力两个基本维度的完善提升上着眼和着力。在当前，完善体制机制，推进新型城镇化科学发展，有效的政府治理是关键。尤其是作为发展中国家的政府，必须担当起推进国家工业化、城镇化、农业现代化的责任，要全面正确履行政府职能，把城镇化发展纳入宏观调控体系，探寻完善城镇化健康发展的体制机制，达成城镇化发展与经济社会发展的互动性和正效应。

（二）在调处决策权限的划分和各主体利益的分配关系上着力

体制属于管理学的范畴，大凡讲体制，都是指的管理体制，体制改革也是指的管理体制的改革，如经济管理体制改革、社会管理体制改革、文化管理体制改革、政治管理体制改革等，而人们则往往把"管理"二字减缩省去，直接称为经济体制改革，社会体制改革、文化体制改革、政治体制改革等。从这一概念认识出发，体制的核心问题是决策权限的划分和各主体利益的分配。权限的划分，如在管理主体上，应明确国家、自然人、法人各自所拥有怎样的经济社会政治主体地位；在管理层次上，应明确国家管到哪儿，地方管到哪儿；在管理职能上，应明确国家管什么，地方管什么；在管理作为上，应明确哪些由政府规制，哪些由市场决定等。利益的分配，如国民收入中积累与消费的分配，国家、企业、个人之间的分配，工农之间、城乡之间的分配，以及社会化服务、公共产品的分配等。毫无疑问，决策权限的划分是否合理，各主体之间经济利益的分配是否合理，直接关系着整个国家经济社会的大局安危，关系着国家、企业、个人积极性、主动性、创造性的发挥，从而也关系着工业化、城镇化、农业现代化"三化"协调科学发展。城镇化的过程，是完全依靠政府推动？或是完全依靠市场调节？还是发挥政府和市场两个积极性？事实上有很多问题需要认真研讨。新型城镇化目前发展中的一些问题，除了城镇产业支撑相对乏力等因素之外，主要的应该是各级政府理解、贯彻中央、省委有关地方政府在城镇化进程中的具体职能、权限、作为的模糊性、被动性和长期以来等、靠、要"上面"指示的惯性。农民从一开始急于进城转为市民户口，到现在只想进城不愿转户口，表象上是户籍制度没有改革到位，农民入户难，实质上却是利益分配问题，即农民考虑和担忧的是一旦失去土地，如何保障进城后的生计及其可持续发展问题。值得指出的是，城镇化发展到今天，农民们，包括进城的、正要进城的、没有进城的，似乎发现，城镇化使农民的风险越来越大，利益越来越难以保证，如农民进城面临的城市就业与收入保证问题，城市生活成本持续走高问题，城市雾霾等环境越来越恶劣问题，住房、交通、入学、就医、社会救助、福利待遇保障问题等，这些现实问题都是需要政府认真研究并必须从制度政策上加以解决的，否则，城镇化发展也许有一天会出现停滞悖反。

（三）在具体实现形式和相应实现机制上着力

体制是一定制度的具体化，因此，体制就其内容，无外乎也就是一定制度的具体实现形式和相应实现机制。所谓体制的具体实现形式，是指反映一定制度内在要求的所有制实现形式。我国是社会主义国家，社会主义生产关系决定了我们必须坚持以公有制为主体，多种所有制经济形式共同发展的基本经济制度，这是中国特色社会主义制度的重要支柱，也是社会主义市场经济体制的根基。也就是说，我国社会主义市场经济体制条件下，公有制经济和非公有制经济都是我国经济社会发展的重要基础。这一制度的规定性，便决定了我国经济社会的发展，既要发挥国有经济主导作用，也要支持、引导非公有制经济的大力发展；既要不断放大国有资本功能，提高竞争力，也要促进更多国有经济和其他所有制经济发展成为混合所有制经济。实践证明，原有体制下的单一公有制形式，不适应生产力的发展，随着改革开放，发展多元产权结构，寻求多种所有制实现形式，使得社会主义的生产力日益显现出勃勃生机和活力。在今天，我们探索工业化、城镇化、农业现代化"三化"协调科学发展的时候，一个重要的思想观念就是要把"三化"协调发展同发展混合所有制经济，把推进新型城镇化同发展混合所有制经济结合起来，让新型城镇化在国有资本、集体资本、非公有资本交叉融合、各种经济形势取长补短、相互促进、共同发展中务实推进。所谓体制的具体实现机制，主要是指体制运行过程中的调节和控制的手段方式。大的方面，如计划机制、市场机制，具体的如财政、税收、信贷、价格、工资等政府为了保持宏观经济发展的均衡性而采用的各种调控手段。现行体制条件下，这些机制及其运用，对于地方，特别是市县经济是微乎其微的，地方区域经济的发展，一方面要执行中央大政策，另一方面要营造本地小环境。也就是说，基点的、根本的还是要靠自身经济优势的培育，注重抓机遇，布产业，以产兴城，产城融合，独立地、创造性地推进新型城镇化发展。

（四）在发展轨道和发展动力上着力

经济学家认为，体制最关键的是要解决两个问题：一是发展轨道、方向，二是发展动力、机制。城镇化是人类社会发展的总趋势，是从农耕文明走向工业文明的标志。城镇化化什么？化人，人往城里集聚——农业转移人口市民化的问题。但是，什么时间转？转多少？怎么转？是往大中城市转？还是大、中、小、微城镇并举？是建立多层级城镇化体系？还是一味集中到大中城市？从理论上说，随着物质生活资料的不断满足，人口在总体上必然要集聚向城市，因为城市改变了人们的生产与生活方式，人们以城市为载体享受着现代文明。从实践上说，受一定时期城市综合承载力约束，人口转移的目标、方向、规模、时间等又总是分阶段、分批次、分情况逐步实现的，也是这样，中央城镇化工作会议和城镇化建设规划开宗明义指出，城镇化是一个自然的过程。但是城镇化不能等，城镇化建设发展的快慢直接影响到"三化"的协调与否，所以必须加快步伐。现在的问题是一定要厘清楚国情、省情、区情，弄明白城镇化到底要走一条什么样的道路。

从国家层面说，城镇化发展的道路是清晰的，即推进以人为核心的城镇化，推动大中小城市和小城镇协调发展，产业和城镇融合发展，促进城镇化和新农村建设协调推进。优化城市空间结构和管理格局，增强城市综合承载能力。从河南省来说，依笔者所见，河南的省情是农业比重依然较大，工业化基础依然薄弱，包括所谓的郑州、洛阳等大中城市的人口吸纳力依然有限，这就决定了河南应当走农业人口向郑州、洛阳等大中型城市转移与向县域城区集聚相结合，以县域城区为主导的，多层级城镇化发展道路。

城镇化发展的动力，根本的来自于人们对城镇现代经济社会生产和生活方式的追求。政府推进城镇化发展的动力，是为人们创造一个空间，让人们享受到现代生产、现代科技、现代生活、现代文明；企业助推城镇化发展的动力，是为了有一个政产学研结盟、工业化与信息化融合、产业资本与金融资本互通、更易于创造和创新发展的一个现代经济一体化运行空间；农民支持城镇化发展的动力，是为了冲破工农差别歧视、城乡二元经济不合理结构，争得一个与城里人一样的经济社会文化政治主体地位及其话语权、平等权。认识动力，在于研究动力、发掘动力、调集动力，化动力为生产力，从而依据人们的动力需求制定、调整、完善、创新制度、体制、机制和政策，以有力的制度、体制、机制和政策推进新型城镇化科学发展。

官方数据表明，河南农业人口至今尚有6000多万人，另外还有1000万贫困人口。因此，河南的城镇化发展和整个河南经济社会发展一样，仍然处在爬坡过坎的阶段，提升城镇化率的难度比任何省市区域可能都要大。我们一方面要认识到城镇化任务及其过程的艰巨性、艰难性，另一方面更要看到国家三大战略规划实施所带来的发展城镇化的条件优势，特别是习近平总书记最近两次视察河南给予充分肯定的河南省委、省政府高层决策者提出的打造"富强河南、平安河南、文明河南、美丽河南"，以及为实现中原崛起、河南振兴、富民强省总目标，建设先进制造业大省、高成长性服务业大省、现代农业大省的工作思路等，都为推进新型城镇化科学发展，提供了理论的、政策的指导与支撑，只要我们深入研究和创新体制机制，河南的新型城镇化不仅能够进入科学发展的轨道，而且必将实现总书记期望的使中原更加出彩。

（2014 年 6 月 20 日　原载《学者之见》2014 年第 14 期）

十七、农业转移人口市民化与新型城镇化引领关系思辩

——再论"人往哪里去"

"人往哪里去",河南省委高层三年前的这一个问诊和课题,在今天,已经给出了明确的解答,即"农业转移人口市民化"。答案有了,但是解题的过程,比如转移的规模、转移的方式、转移的路径、转移的步骤,怎样才算是"市民化","市民化"的标志是什么,农业转移人口市民化与新型城镇化的关系应该怎么认识,则是仍然需要认真研讨和把控的。

河南省是一个人口大省,在现有经济社会水平条件下,"人往哪里去",是摆在任何一位主政者面前的必须面对的现实问题,也是严峻的问题。河南经济虽经历届省委、省政府高层努力,有了骄人的成绩,但是,总体上看,河南依然是处于爬坡和发展中的省份,特别是要在2020年中央要求全面建成小康社会目标背景下,我们的压力是不言而喻的。毋庸置疑,"人往哪里去",首先是、也主要是农业人口怎么转化的问题。哪里去,怎么转,在今天就是要随着城镇化的进程,在所谓土地城镇化的同时,解决人的城镇化的问题,这恰恰是新型城镇化及其引领的新的内涵所在。纵观世界发达国家走过的路子,也反映了人类经济社会、城镇化发展的基本规定性。因此,无论是理论上,还是应用政策上,我们都应该转变观念,认真思考和研讨中央和我省高层决策者提出的在加快推进新型城镇化的过程中,加速农业转移人口市民化的步伐,以便理出正确地、有效地解决"人往哪里去"和新型

城镇化引领的真谛的、内核的问题。

（一）农业转移人口市民化是否一定要进"市"

农业转移人口市民化，是一种大势，它有两层含义：一是农民变为市民，人口主体上的身份转化；二是农民从农村进入城市，地理空间上的生存环境与条件转化。人之初，皆为农。在经历了农耕时代，进入到工业革命、社会化大生产、现代信息社会，以"农"为内容特征的人口越来越加快了脱"农"的步伐，日益从农民蜕变为市民，从乡村文明蜕变为城市文明，并且以人口的城市化为标志，跨越到工业化的、发达的经济社会。和我国是一个农业大国一样，我省作为一个农业大省，农业人口依然占据着多数，所以，加快推进农业转移人口市民化，我省的任务比任何一个省区都更艰巨、更困难。要在一个人口多、底子薄，尚处于发展中的地区，农业转移人口市民化的进程必然是艰苦的、受局限的，尤其是工业化、农业现代化水平程度，经济社会资本积累，城市基础设施、公共服务等接纳承受能力的制约，是否一定都要进城，只有进了"市"，才能成为市民，则是需要冷静研讨思考的。在日前召开的"第三届中国县域经济高层发展论坛"上，一些市县领导指出，城镇化的进程应该有多条路子和方式。中外与会者指出，农民不一定都要进城，按现在的条件和素质，一些农民进了城市，住了高楼，把补偿给他们的钱拿去买车、消费，补偿吃完了，又没有其他收入，他就要转回来找政府吃低保，政府只能把这些人养起来，这样的城镇化就失去了意义。还有一些领导更是直接提出，在推进新型城镇化过程当中，并不是让绝大多数农民都进城，也绝不是只有入了"市"的农民才能成为市民，关键是以新型城镇化引领和推动农业和农村、农民问题的破解，增加农民收入，让农民过上和城里人一样的生活，这样的目标背景下，农民的地理空间变化也就无所谓了，"市民"不"市民"也就无所谓了。值得提到的是，这次会议与会专家和地方领导还把"新型城镇化建设中的美丽村镇建设"作为一大主题展开了热烈的研讨。

人口的转移、城市的发展，既是一个过程，也是一种规律。"市民化"也好，城市化也好，重要的是有着基本的物质支撑。农民务农，市民务"市"，农民进城变市民就要"在城应市"，融入到"市"里面去。市民在市里有职业、有收入，农民入"市"也要有现代城市生存能力和生活能力，像市民一样有职业、有收入，否则，即使成为城市市民也极有可能变为城市贫民。没有职业、没有收入，农民就不该进城，也不敢进城。城以产为基，城市化总是与工业化结合在一起，没有工业化，城市化就失去了依托，"市民"的职业也就没有了保证，当"市民"失业并出现了一支庞大的城市失业大军的时候，如果视而不见，还要硬性地把农业人口转移到城里来，还要坚持农业转移人口的唯城市"市民化"，就是违背客观规律的，还不说已经出现的"大城市病"和农民与市民的文化伦理差异磨合性问题。这里揭示了一个来自实践的理论，也就是说，农业转移人口市民化，并非就是必须进城，必须做城市市民，进不进城，市民不市民的关键是有没有产业支撑。有产业支撑，有经济社会效益，在城市做市民，在农村做市民其实也就没什么两样了。可喜的是，这几年河南省下气力发展了180多个产业集聚区，遍布于全省县乡村镇，无疑为农业转移人口市民化提供了一个有利条件，如果把产业集聚区发展、农业转移人口市民化、新型城镇化建设有机衔接起来，不仅相得益彰，而且为农业转移人口就地市民化创造了有利条件。因此，河南农业转移人口市民化，在现阶段还必须两条腿走路，一方面真正进市做"市民'，另一方面坚持完善和提升各地产业集聚区建设发展水平，寻求农业转移人口的就地"市民化"。

（二）缩小城乡差距是否完全要靠"城"

城市是现代文明的标志，城市的发展对经济社会的影响带动作用是不可否认的。发达国家走过的历史说明，大、中、小、微型城市体系的形成，事实上已经淡化了"乡"的概念，而由"乡"到"城"的演化，其内在的最重要的动能，则并非完全靠"城"，本质上这是一个工业化、城镇化、农业现代化，以及现代信息技术应用转化的互动过程。城乡差距是城乡经济社会、生产生活条件、人们收入水平的差距，所以，缩小城乡差距，并不就是行政性地把农民"赶进城"、"被上楼"，更不是简单地追求人口的城市数量增加的所谓"城镇化率"。欧阳先生撰文回顾我国改革开放三十多年的路程，20世纪80年代末，我们就提出了加快城镇化进程，缩小城乡差距。20世纪90年代，许多专家呼吁学习日本"大东京"城市发展模式，建设"长三角"、"珠三角"、"京津唐"城市群，时至今日，还没有完成计划的1/4城市就疲惫了。"城市和它的占据者没有意识到大时代的巨变会颠覆旧有的社会结构，城市并没有准备好驿站接待农民工同志，甚至在20余年的潮涌面前拒绝和排斥他们。等到城市化进程迫使我们改变观念的时候，他们的队伍已经如此庞大，以至于城市难以容纳"。"于是，人们又想起了德意志，不超过100公里就有经济、文化、医疗等，一样发达的城市，虽然人口并没有百万之众。于是，我们开始或者是准备开始'城镇化'"。从"城市化"到"城镇化"的转变，表现出政界、学界对历史、对规律、对国情的尊重。而"如果纳税人的钱不再向中心城市淤积，一旦优势资源（学校、医院等）分散到中小城市，那样，矮墙边上沐浴阳光等着工作的人就消失了，他们再不需要背井离乡，更不会'愚昧'地制造折磨自己的回家浪潮"。

需要指出的是，在今天，我们推进城镇化，还要与国家的战略谋划衔接起来。新一届政府的着力点是转变方式和调整结构，保持我国经济持续健康发展。调结构，一是缩小城乡差距，加快城乡一体化发展；二是在新型城镇化引领下，破解"三农"难点，增加农民收入，搞活农村市场，扩大消费需求。因此，我们既要热情和投入城镇化过程，又要理性地、务实地探索和走出一条符合我国社会主义特色的城镇化路子，也就是说，我们一方面要注重抓住新型城镇化这个牵一发动全身的经济社会运行的重要引擎，发挥"城"的作用功能，另一方面还要拉近到国情和区情，按照构建国家区域中心城市、地区中心城市、县域中心城市、小城镇、新型农村社区五级城镇体系要求，努力规避摊大饼似的城市"大跃进"。2012 年，河南省城镇化率为 42.4%，到 2017 年城镇化率达到 52%以上，这个目标压力是可想而知的。尤其是"在这块 16.7 万平方公里的土地上，除了耕地、山川、河流、道路、城市建设用地，密密麻麻分布着 4.7 万个行政村，18 万个自然村。在漫长的历史长河中，'三农'的问题就一直与河南相生相伴"，缩小城乡差距，提升城镇化率，近千万农民变成"市民"，一味"靠城"、"进城"肯定是不现实的，重心还应该放在小城镇和新型农村社区。当然，新型农村社区建设面临着许多问题，但是，只要政府规划与市场机制"两只手"运作好了，完全可以成为新型城镇化建设、农业转移人口市民化的一种方式、一个选择、一条路子。

（三）现代城镇体系是否应该排斥"村"

2012 年 5 月 8 日河南省濮阳市濮阳县西辛庄村"村级市"挂牌，创造了中国第一。随着"村级市"的出现，包括学者在内的各种质疑纷至沓来，认为是"炒作"、"瞎胡闹"，甚至认为是动摇了千年乡村文化伦理和积淀。其实，质疑的焦点只有一个，即"城市和农村是两个概念"，但是他们忘记了一点，城市和农村是一个时空条件的动能转换，人类最初的"城"可以说都是由"村"演化而来的，"城"的出现，是因为有了"市"，"市"的形成又是缘于村民劳动生产有了剩余产品，以期约定一些时间和地点"赶集"，换回自己想要的物品。"集"在一个村子兴起，十里八村的村民都来"逛市"，"集市"便成为人们商品交换的场所。随着交换范围的不断扩大，特别是人们意识观念的变化，"集市"以农产品贸易主导的流通业，以农产品加工主导的制造业，以成就"集市"主导的服务业，教育、医疗、文化娱乐等便发展起来，"城市"出现了，并且从"小城"演变为"大城"、从区域性中心城市演变为国家的或是世界的中心城市。笔者虽然没有考究城市发展到今天经历了多少岁月，但是香港由一个小小渔村摇身变成一个世界贸易城，蛇口、深圳、东莞在成为改革开放的前沿城市之前不也是些小小村庄吗？西辛庄"村级市"让村民不用跑几十里路即可就诊二级甲等医院，即可接受和城里学生一样的教育，即可享受和城里人一样的社会公共服务，即可品味现代楼堂管所的容貌与魅力，即可在村里"打的"上班挣工资。还有"南街村"、"华西村"、"长江村"等，它们虽然没有挂一块"市"的牌子，没有"市"的行政建制，但是就不具有"市"的功能、"市"的表征、"市"的感受了吗？李连成说得好，"我建设西辛庄市的目的，第一个是节约耕地，省下的地还能建厂、盖房；第二个是要满足农民想当市民的愿望，享受市民的生活；第三个是减少城市的压力，农民办事、看病、买房、教育、上班不再给城市添麻烦，缩小城市和农村的差距"。这些朴素实在的话语，道出了农民的心理趋向，道出了进城与不进城的尴尬，道出了面对现实经济社会水平的无奈，道出了一个来自实践的城镇化发展的冷思考：在当代中国的新型城镇化建设进程中，究竟应该如何构筑现代城镇体系，是否应该忽略小城镇和新型农村社区层面，是否应该排斥"村"？

专家推测，我国到 2030 年人口为 15 亿人，城镇化率达到 70%，农村人口有 4.5 亿人，如果按照现在农村 47.4% 折合人口 6.4 亿人计算，我们不仅要在 2030 年以前转移将近两亿的农业人口市民化问题，还要考虑 2030 年以后 4.5 亿人口的市民化问题，都进城是绝对不现实的。亦如国务院参事室特约研究员姚景源先生指出的，"城镇化绝不是简单的盖大楼、修马路，而是要让一个农村的生产方式和生活方式发生根本转变"。中国（海南）改革发展研究院院长迟福林的观点是，城镇化绝不是和农村的发展相对立，相反，城镇化是拉动农业现代化、农村现代化的主要载体，在县域经济发展城镇化，除了把县域发展成中小城市或者中等城市以外，主要功能是拉动或者逐步拉动农村的社区化。所以，加快新型城镇化步伐，促进城乡一体化发展，只能按照河南省人民政府省长郭庚茂要求的，"逐步形成大中小城市、中心镇、新型农村社区协调发展、城乡统筹、互促共进的现代城镇体系。"

（2013 年 3 月 1 日 原载《学者之见》2013 年第 5 期）

十八、加强对新型城镇化引领认识，正确看待新型农村社区建设

学习中共十八大精神，既要认识举什么旗、走什么路的大是大非问题，更要结合地方经济社会，真正把中共十八大精神贯彻落实到实际中去。河南这几年的探索和实践，令人欣喜的是在中共十八大报告里得到了体现与认可，而接下来持续探索和实践，并且以中共十八大阐述的理论为指导，按照河南省九次党代会部署，深化这一探索和实践，目前仍需要提高一些认识。

（一）在推进"四化"同步、"三化"协调发展过程中，重要的是要积极发挥新型城镇化的引领作用

（1）"四化"和"三化"的内容是一体的，区别是强调了工业化、城镇化、农业现代化在今天已经进入到信息化的一个重要的时代特征。人类从蒙昧时代进入文明时代的标志，是走出了农耕小生产，进入了机器和机器体系大生产，即工业革命以其新的社会生产方式，改变了农业，激活了城镇，并且在不断城镇化的过程中，使工业化演进到信息化时代。因此，"四化"也好，"三化"也好，它们的内容实体是一致的，讲"四化"，强调和突出了信息化这个时代特征。

（2）新型城镇化的发展作为未来中国经济运行的重要引擎，"一张王牌"，意味着新型城镇化在"四化"同步、"三化"协调中，必将发挥着积极引领作用。

这里的依据主要有四个。

①中共十八大报告中说，要"推动信息化和工业化的深度融合、工业化和城镇化良性互动、城镇化和农业现代化相互协调"，这一描述，表明了维系"四化"关系的一根主线是城镇化，城镇化居于工业化和农业现代化中间连接点的重要位置，并且以其功能优势成就了信息化。无疑，城镇化具有促成"四化"同步发展的积极作用。同时，中共十八大报告还特别强调指出，"必须以改善需求结构、优化产业结构、促进区域协调发展、推进城镇化为重点，着力解决制约经济持续健康发展的重大结构性问题"。

②李克强在 2012 年 11 月 21 日《人民日报》发表的、被媒体称为新一届中央政府施政纲领的专论性文章中，不仅对城镇化问题做了一段专门论述，更是直接明了提出了"展望未来，城镇化是我国经济增长的巨大引擎"。

③中组部、国家发展改革委 2012 年 9 月在国家行政学院举办的省部级领导干部推进城镇化建设研讨班上，李克强等中央高层领导出席并发表重要讲话，被国家行政学院经济学部主任张占斌教授称为：新型城镇化有可能成为新一届党的领导集体在谋求"未来十年中国经济平稳较快发展的突破口和平台"，成为施政者的"一张王牌"。

④李克强在 2012 年 11 月 28 日会见世界银行行长时，再次指出，"未来几十年最大发展潜力在城镇化"，并认为城镇化是一条路子。李克强说，"13 亿人的现代化和近 10 亿人的城镇化，在人类历史上是没有的，中国这条路走好了，不仅造福中国人民，对世界也是贡献"。

这就提醒我们，无论是从事应用经济理论研究的，还是政府部门经济决策与具体运作的同志，一定要注意到这一点，一定要看到这一大势，解放思想、转变观念、与时俱进，迅速从旧的思维与惯性中超脱出来，努力地、真正地做到学明白、想明白、说明白、做明白。

（二）实施新型农村社区建设地方立法

从中原经济区酝酿研讨到上升为国家战略发展层面，从认定"两不三新"建设中原经济区到切入新型农村社区，走新型城镇化引领"三化"协调科学发展的路子，是河南人在中原崛起、河南振兴的历史进程中的实践总结与理论创新；是包括河南高层决策者、各级干部，以及学界都给予充分肯定的；是与党中央、中央政府的战略思想和预期，以及具体的路线、方针、政策相吻合的；特别是中共十八大召开后的第三天，国务院即批复的《中原经济区规划》，不仅把新型农村社区建设作为新型城镇化发展的重要内容，而且列为单独一节，强调要在新型城镇化发展中探索推进新型农村社区建设，既然如此，就应该从实践政策层面进入到立法层面，通过人大实施地方立法，以法的强制力，形成约束和规范。

这样做的意义至少有三点：一是有可能保证"一张蓝图绘到底、一届接着一届干、一以贯之谋发展"；二是有可能避免因干部人事交流变更，形成"体制性穷折腾"和"体制性半拉子工程"，造成对社会生产力的破坏；三是有可能依法进一步研讨、完善、提升新型农村社区建设，保证新型农村社区建设在推进新型城镇化、城乡发展一体化过程的重要作为和支撑性。

（三）正确认识和评价新型农村社区

新型农村社区确实存在着不少问题，比如，新型农村社区用地与原有老百姓宅地置换中用了新地占着旧地的问题，新型农村社区建设投资与地方政府财力吃紧难以应对问题，新型农村社区建设与产业支撑、可持续发展问题，新型农村社区建设与现代城镇文明复制的黏合性、现实性问题，新型农村社区的有计划建设与现时的"打呼噜"、"大跃进"现象问题……也是这样，包括党政部门、理论界在内，对新型农村社区产生许多质疑。这些质疑是对的，反映了大家对党和社会主义事业的责任心。但是，首要的是要有一个理性的思维，冷静地思考一下这个路子、这个方向对不对，能不能成为我们的一种选择。

城镇化是人类经济社会发展的一个标志、一个大势。中国的发展与西方不同的地方，一是从封建社会直接过渡到了社会主义社会，亦如中国人民大学一位教授所称的"封建主义的社会主义"社会；二是当代中国的生产力严格来说还应该是以农字号为内容特征的，所以在中国、在河南，我们研究、决策任何事情，都不应该脱离这个基本国情、省情。因此现实里我们必须寻求后发优势、寻求跨越式发展来解决城乡二元结构，解决农业、农村、农民问题。就城镇化来说，既然我们现在的城市承受和接纳不了那么多农民，为什么不可以另辟蹊径呢？为什么不可以探讨农民的就地城镇化呢？为什么非要农民进了城才算是城镇化，而引导农民在政府的鼓励支持下自己"造城"就不是城镇化吗？难道我们长期坚持的这种直线思维不该调整调整了吗？新型农村社区至少应该算是城镇化发展过程中的一种选择吧？

我们在建设新型农村社区过程中所面临的现实问题是客观的，新型农村社区建设也必然是非常艰难的。新型农村社区建设是一个长期的过程，要经历相当长的一个阶段，绝不是一蹴而就、两三天的事情，关键是对它有一个正确的思维与评价。

发展中的问题只有在发展中去寻求解决、得到解决。

（2013 年 1 月 12 日　原载《学者之见》2013 年第 3 期）

十九、农民为什么非要都进了城市才能当市民

在我们这样一个拥有 13 亿人口的发展中大国实现城镇化，现实的意义是要解决"人往哪里去"，即农民转市民的问题，主流的观点一直认为农民必须进城，只有进了城市才能当上市民，才能提高城镇化率。然而有专家推测，我国到 2030 年人口为 15 亿人，城镇化率达到 70%，农村人口有 4.5 亿人，如果按照现在农村 47.4% 折合人口 6.4 亿人计算，我们不仅要在 2030 年以前转移将近两亿的农业人口市民化问题，还要考虑 2030 年以后 4.5 亿人口的市民化的问题，都进市，尤其都进大中城市是绝对不靠谱的。

（一）农业转移人口市民化及其城镇化也有陷阱

农业转移人口市民化，首先要对城市有一个基本界定，是向大城市转移？还是中等城市？还是小城市和微型小镇？其次，是坚持产业带动？市场带动？还是政府统揽、行政命令？最后，是为了城镇化来造城？搞"一阵风"、"大跃进"、"打呼噜"？还是按照城镇化规律，走科学的、实在的城镇化路子？在当前城镇化进程中，既需要热发展，也需要冷思考。

从这些年城镇化的实践过程看，有两个问题一定要反思。一是到现在为止，到底有多少农民进城当了市民；二是农民进了什么样的城，进城的又都是哪些农民。我们拉近已经进城的农民的现状扫描一下，无外乎是：农民子女考上大学，或服兵役期满，或与城里人联姻进城

转为市民的；进城农民子女挣了钱为父母在城里买了房子变为市民的；农民实业家、农民技工拥有一定经济实力后举家迁徙成为市民的；各种经济园区或相关政府项目建设征地搬迁农民改为市民的；城中村、城市郊区、城乡结合部农民随着城市外延化为市民的等（流动性、季节性农民打工族和"80后"、"90后""漂族"们不应算作进城的范围）。可以看出，进城农民多为城市沿边者，而远离城市的身居农村的众多农民则很难进城，也不敢进城，因为进不起城。简单的解释是，城中村的人可以有房屋拆建补偿转化为产业资本、金融资本等形成支撑，所以这部分农民（事实上这部分人早已不具有农民属性了），能够转得上、落得下、留得住，而那些本来就距离城市远的、一直靠承包土地和外出打工的农民进城靠什么生计？靠政府？政府能拿出多少补贴？又能够补贴多久呢？这一严峻的现实及其走势，无论我们有没有意识到，都会给出我们两个警示：其一，必须要追求城镇化的正能量，否则，城镇化也会有陷阱，即进城农民自身，甚至拖累原有市民一起生成新的"城市贫民"，带来新的经济社会问题；其二，必须认清我国国情和历史教训，科学推进城镇化，否则，政府有可能背上新的历史包袱。令人担忧的是政府从几十年前背了一个国企的包袱至今还没有卸掉，现在则有可能会再背上一个进城农民（生计、救助）的新包袱。

（二）农业转移人口市民化应坚持有业可就、顺势而为

"农业转移人口市民化"从理论上看，是指农民变为市民，人口主体上的身份转化，这是最本质的含义，也是最基础的概念。从实践上看，应包括了两层含义：一是说农民从农村进入城市，地理空间上的生存环境与条件转化；二是说农民就地变换了身份转成市民，地理空间上的生存环境与条件趋向了城镇化。人之初，皆为农。在经历了农耕时代，进入到工业革命、社会化大生产、现代信息社会，以"农"为内容特征的人口越来越加快了脱"农"的步伐，日益从农民蜕变为

市民，从乡村文明蜕变为城市文明，并且以人口的城市化为标志，跨越到工业化的、发达的经济社会。现在的问题是，要在我们这样一个人口多、底子薄，尚处于发展中的国家，尤其是现代科技水平、工业现代化、农业现代化水平程度，经济社会资本积累程度，城市基础设施、公共产品体系服务程度等诸多因素制约的国家推进农业转移人口市民化，一定要顺势而为，否则，按现在农民的条件和素质，一些农民进了城，就靠吃补助，补助吃完了，由于没有正常收入，他就要转回来找政府吃低保，政府只好把这些人养起来，这样的城镇化只能是政府作茧自缚，也就失去政府推进城镇化的初衷意义了。

城镇化本质上是人口的城镇化，而人口城镇化重要的是人们有业可就。城以产为基，民以业为生，如果硬性地把农业人口转移到城里来，不仅不符合客观规律，而且还会加剧已经出现的"大城市病"极端条件下，农村农民和城市市民之间文化伦理差异磨合与融合的悖反性。农业转移人口市民化的关键是有没有产业支撑。可喜的是，这几年各地先后建设了遍布于县乡村镇的各种产业集聚区和新型农村社区，如果把产业集聚区发展、农业转移人口市民化、新型农村社区建设有机衔接起来，不仅相得益彰，而且实在地拓展了农业转移人口市民化的经济的、社会的、文化的、政治的、生态的，以及地理空间的内涵外延，就能够真正促进和保证农业转移人口市民化从理念变为现实。因此，农业转移人口市民化，在现阶段乃至相当长的时期内，还必须两条腿走路，一方面让真正有条件的农民进入相应的城市（只能是"相应"，不可能一律涌入大中城市）做"市民"，另一方面加快和提升各地产业集聚区、新型农村社区建设发展水平，构筑农业转移人口市民化的物质系统支撑。

农业转移人口市民化，不能简单地理解为农民进城当市民，只有进城才算是市民。中央从提出这一理念，到召开城镇化工作会议、下发相应办法意见至今，也并没有要求农民必须进城，或是以城划线来明确市民身份。相反，中央认为，"在我们这样一个拥有 13 亿人口的发展中大国实现城镇化，在人类发展史上没有先例。城镇化目标正确、方向对头，走出一条新路，将有利于释放内需巨大潜力，有利于提高劳动生产率，有利于破解城乡二元结构，有利于促进社会公平和共同富裕，而且世界经济和生态环境也将从中受益"。"城镇化是一个自然历史过程，是我国发展必然要遇到的经济社会发展过程。推进城镇化必须从我国社会主义初级阶段基本国情出发，遵循规律，因势利导，使城镇化成为一个顺势而为、水到渠成的发展过程。推进城镇化既要积极，又要稳妥，更要扎实，方向要明、步子要稳、措施要实"。也就是"要坚持因地制宜，探索各具特色的新型城镇化发展模式"。并且明白无误地指出，"推进农业转移人口市民化，主要任务是解决已经转移到城镇就业的农业转移人口落户问题，努力提高农民工融入城镇的素质和能力"。

综上所述，中国的城镇化需要经历一个相当长的阶段，在当前，加快推进城镇化的着眼点和落足点应是中、小、微城市，尤其是县域的城区和乡、村，即就地城镇化发展。所以，应正确地、全面地理解农业转移人口市民化，既要加速产业结构优化，转变经济发展方式，提高大中小城市吸纳农业转移人口的能力，让有条件的农民踏踏实实地进城当市民，更要立足现实实施就地城镇化、就地市民化。其实回顾历史，新中国成立以来我们的市民也并非全部为城市市民，在乡镇，在一些中心村，原本都有市民的存在，只是这部分乡村市民占比规模较小而已。也就是说，不要一提农业转移人口市民化就是大中城市市民化，县城、乡镇、中心村、新型农村社区的市民，也应是我国"市民化"的重要组成部分。

（三）农业转移人口市民化不应该排斥"乡村"市民

人们越来越认识到城镇化对经济社会的重要引擎作用，但是，人们也非常清楚，由于人口的、自然的、历史的，以及经济社会发展水平基础等因素约束下的城镇化，实际上是一个自然而然的过程，欲速则不达。城镇化是一个客观经济运行过程，不是一个主观政治运动过程，加快城镇化发展，提高城镇化率是对的，但是一定要从一个国家和地区的国情、区情实际出发。2012年，河南省城镇化率为42.4%，到2017年城镇化率达到52%以上，这个目标在这块16.7万平方公里的土地上，除了耕地、山川、河流、道路、城市建设用地，密密麻麻分布着4.7万个行政村、18万个自然村，压力是可想而知的。显然，缩小城乡差距，提升城镇化率，数以亿计的农民变成"市民"，一味"建城"、"靠城"、"进城"肯定是不现实的。城镇化也好，农业转移人口市民化也好，拿来主义或生搬硬套西方的模式，肯定也是不会有好结果的。根本的还是要回到现实中来，回到国情、省情、区情实际中来，踏踏实实地走一条中国特色的社会主义新型城镇化路子。

从2012年5月8日河南省濮阳县西辛庄村"村级市"挂牌，到接二连三的许多村寨虽然没有挂一块所谓"市"的牌子，却日益表现出了"市"的内容特征，并且随着城镇化的推进，特别是产业集聚区建设发展带动周边村子因此而演变产生的"微型小城小镇"和新村的崛起，也许再次改变了农民原先的非要进城当市民的观念，他们不是僵化地坚守"金窝银窝离不开穷窝"，而是要坚持把"穷窝变成金窝银窝"的新理论与新定力。这些"市"，或在原址上重建，或另辟蹊径再造，或数村联手，或中心村扩大，或村镇融合，一个个都呈现出了自己的个性与魅力。洛阳市伊滨区寇店镇实施"规划先行，产业支撑，市场运作"，将现有的21个行政村、60个自然村整合为三个小镇和一个民族文化村，整个小镇及村的建设按照城市标准，做到小镇及新村的基础设施实现道路硬化、社区绿化、广场彩化、路灯亮化、生活洁化和垃圾三化，同时建造了社区服务中心、卫生服务中心、文化体育中心、基础教育中心、养老服务中心、物业管理中心、商业服务中心，以及金融通信和丧葬祭奠场所等"六化九配套"，让村民感到自己生活的环境与城市一个样，人在城中，城在园中，生态宜居，舒适幸福。像寇店镇这样的小镇及新村，星罗棋布，在河南各地几乎到处可见。走进小镇和新村，走进那比城市的别墅还气派的村民家里，他们都会激动地拉着你的手到楼上楼下参观，展示他们和城里人一样的新生活条件与环境，并向你发表着无限感慨，而说得最多的就是，"现在真是离土不离乡，进厂不进城，'农民工'就当在家门口，不用再东奔西跑了"，"我们这儿不比城里差多少，谁还非要进城做市民"。所以，近几年作为人力资源大省的河南不仅流向省外的劳动力减少了，即使是本省也出现了一定程度的"用工荒"，甚至使得地处河南的"富士康"也不得不为常年性缺乏劳动力而焦虑。这一现实，实际上正是在提醒我们，中国特色社会主义新型城镇化道路，应该坚持实事求是、多策并举、大中小微城镇结合，应该坚持社会主义初级阶段经济、社会、政治、文化特点所决定的就地城镇化、村镇都市化的客观必然性，应该坚持城乡一体化、城市市民与乡村市民同等化的理念和地位，不要再一味地非要排斥"村"这一层面的小城小镇，也不要否定"村"这一层面小城小镇市民的存在。我们应该树立一种理性的思维和认知，一定要真正把握住城镇化的本质是人的生活方式的改变，而不应该总去盯着人到底是居住在城市还是居住在农村，在城里就是市民，在农村就不是市民。

有人撰文回顾我国改革开放30多年的路程，20世纪80年代末，我们就提出了加快城镇化进程，缩小城乡差距。20世纪90年代，许多专家呼吁学习日本"大东京"城市发展模式，建设"长三角"、"珠三角"、"京津唐"城市群，时至今日，还没有完成计划的1/4，城市就疲惫了。2012年底，日本一位著名学者在哥本哈根会议上非常惋惜地讲到，20世纪日本最大的失误就是把东京地区建成了一个2000万人口的大都市，不仅使城市的运行成本不堪重负，而且大城市病的阵痛与呻吟、对生态经济社会文明的破坏，也许是我们多少代人都难以改善和挽回的。

"城市和它的占据者没有意识到大时代的巨变会颠覆旧有的社会结构，城市并没有准备好驿站接待农民工同志，甚至在 20 余年的潮涌面前拒绝和排斥他们。等到城市化进程迫使我们改变观念的时候，他们的队伍已经如此庞大，以至于城市难以容纳。"而"如果纳税人的钱不再向中心城市淤积，一旦优势资源（学校、医院等）分散到中小城市，那样，矮墙边上沐浴阳光等着工作的人就消失了，他们再不需要背井离乡，更不会'愚昧'地制造折磨自己的回家浪潮"。在一方满怀激情地要把农民推进城，另一方畏畏缩缩的农民又进不得城、不愿进城的城镇化矛盾中，一些专家发出的只能是一声叹息。

（2014 年 1 月 9 日　原载《学者之见》2014 年第 2 期）

二十、顺势而为，加快推进农民向城镇转移和非农产业转移

最近，中共河南省委结合群众路线教育实践活动，提出了"一学三促四抓"的指导思想，特别是要求加快推进农民向城镇转移、向非农产业转移，保持农民收入持续增长，确保6000万农民与全省人民一道进入小康社会。这既是河南省委、省政府高层决策者围绕国家三大战略在河南的实施、面向全省人民的又一次再动员，也是河南省委、省政府就当前和今后一段时期河南经济社会发展的新形势、新任务的又一次再部署。加快农民向城镇转移和非农产业转移，不仅是推进城镇化、实现"三化"协调发展的重要内容，更是落实中央"调结构、稳增长、促改革"精神的重要举措。河南是一个农业大省，农民依然占据绝大比例，加之工业化程度的局限，因此，农民向城镇转移和非农产业转移的压力是不言而喻的。所以，我们一方面要解放思想、开拓进取，调动各层各界各种积极因素，创造条件，加快农民向城镇转移和非农产业转移步伐，另一方面还要遵循客观规律、实事求是、顺势而为。

（一）坚持按客观规律办事，让农民向城镇转移和非农产业转移成为一个自然而然的过程

让农民向城镇转移和非农产业转移，既是城镇化发展的基本内容和标志，也是一种客观趋势。

此前很长一个时期，我们一直喊着要把农民赶进城，这不仅是违

背客观规律的，而且事实上城镇化率也并没有提高多少。关于进城的农民有多少，李克强总理说现在的实际城镇化率为35%，中国社会科学院的数据则表明只有27%，也就是说，这些年进城的农民并不是很多。毫无疑问，必须不断提高城镇化率，尤其在现时经济不景气之际，还应把城镇化发展作为一个重要抓手，激活和提振经济，但必须坚持按规律办事，科学有序推进农民向城镇转移和非农产业转移。

最新数据显示，河南已转移的农业人口为2657万人，但是这2657万人是否都已经真正进城落户变成了城市市民？是否都已经就业和有了稳定的收入？是否还有一部分应该算在国家提出的"三个1亿人"（促进约1亿农业转移人口落户城镇，改造约1亿人居住的城镇棚户区和城中村，引导约1亿人在中西部地区就近城镇化）里？应该是令人质疑的。原因很简单，一是政府财力的有限性。城镇化，政府是主导，但河南省尚处在爬坡过坎阶段，这就决定了各级政府根本就不可能拿出足够的资金投入和推进农民向城镇转移和向非农产业转移；二是市场调节的有限性。由于我省大个头的、高成长性的行业企业少，加之又处在"三期叠加"（经济增速换挡期、结构调整阵痛期、前期政策刺激消化期）时期，就业的吸纳程度和增加收入的基础等都不可能对农民向城镇转移和向非农产业转移产生大的带动性；三是现行政策应用的有限性。"三大国家战略"规划（粮食生产核心区，中原经济区，郑州航空港经济综合实验区）虽然提出了城镇化进程中可以"先行先试"、"人地挂钩"的政策指向，但实践中由于各种因素的影响，如一些政策往往与相应的法律法规相联系，在法律法规没有进行相应的调整突破之前，这些政策并不能现实地落地应用；此外，目前农民收入的有限性，以及来自农民自身的观念，农村发展和农业经济运行规律问题等，都使得我国、我省的农民向城镇转移和向非农产业转移面临着相对复杂的形势，所以中央城镇化工作会议首先强调的就是城镇化是一个自然而然的过程，应该顺势而为，也就是要坚持按客观规律办事。人类经济社会发展的实践，一再告诫我们，规律是不以人的意志为转移的，不按客观规律办事就会受到规律的惩罚。

我一直认为，农民进城也好，向非农产业转移也好，必须按照客观规律办事，实事求是，否则，推进城镇化，就会面临极大风险，一方面有可能会产生新的城市贫民和新的社会问题；另一方面大批量农民进城无疑是对政府现实的、直接的考量。如果说，我们的政府从几十年前就背了一个国有企业的包袱，至今依然一直背在身上没能卸掉，是一个必须汲取的深刻教训，那么，在今天政府主导型城镇化进程中，不注重遵循规律、顺势而为，则有可能再次背上一个无就业保障、无收入保障、无养老保障的进城农民的新的、更加重大的包袱。这种"三无"农民进了城，土地流转走了，发给的补贴又吃完了，难以为继，他必然要回过头来找政府，必然要躺在政府怀里撒泼，对此，我们必须有一个清醒的认识。

（二）坚持农民向城镇转移和非农产业转移以县城区、中心镇、中心村为主体的基本方略

新一届中央不仅认为城镇化是今后我国经济运行的一个重要的引擎，而且也一再强调城镇化应大中小城市并举，这既反映了客观经济规律要求，又是从我国国情实际出发所作出的一种抉择。显然，农民向城镇转移和非农产业转移并不是都应该向大中城市转移，尤其是在发展中地区，更要实事求是，绝不能为单纯追求城镇化率而不顾主客观条件逆城镇化规律而行事。

首先，还是要把工业化发展放到主导地位。应该指出的是，我省的工业化和整个产业经济发展还不可能实施大规模的城镇化和让大量的农民都进入大中城市。按照世界银行的数据，工业化率每增加1%，城市化率增加1.8882%，这一数据表明，我省还必须把工业化放在主导的地位。所谓要把工业化放在主导地位，就是要进一步深化认识，

从一般的过去拉长工业短腿的观念，进入到建设工业大省、工业强省的追求，再进入到寻求工业化与信息化融合的、新的发展阶段，以期在新型工业化进程中实现农民向城镇转移和非农产业转移。

其次，农民不会在没有收入保障条件下盲目进入大城市和中等城市。一些人从人的经济、社会、政治地位出发，提出要取消"农民工"称谓，也是无可厚非的。但是，应该说，事实上"农民工"这个称谓可能在相当长的时期内都难以取消。这不仅是因为"农民工"的出现，是国家长期实施封闭式人口管理及其禁锢的大量农业剩余劳动力资源制度、体制的自我调整与完善，更是现在和未来破解"三农"及其城乡二元经济社会结构、推进城镇化的内生动力与基本主体，还在于"农民工"走到今天，又出现了一些包括"农民工"自己、政府、社会都需要重新思考的问题。至少，现在的这个称谓还是有着一定内涵和外延的：第一，这表明"农民工"不是城里人；第二，这表明"农民工"的收入及其水平并没有真正纳入政府职能作为系统；第三，这表明"农民工"在城里打完工以后最终还是要回到农村去当农民。仅靠当"农民工"的收入进城、留城，再憨厚的农民也是不会干的。

最后，这些年的实践决定了我们必须调整思路，把城镇化发展的重心下移，回避大城市病，让农民自主地、自觉地、自愿地选择向城镇转移的目标和定位。农民向城镇转移，既要有政府积极的宏观引导，也要尊重农民意愿，让农民自己选择转移的去向。一些调查表明，农民除非有特殊的背景条件进入大中城市外，多数则是愿意先转移到距离自己并不很远的，各方面生活环境、习俗、文化相近的县城区、中心镇、中心村，而我们现在的大中城市又很难接纳大量农民入城，因此，选择以县城区、中心镇、中心村作为目前农民转移的重心，应该是符合我国、我省实际的。

一股脑让农民涌入大中城市是一个极端，一下子要建设那么多新型农村社区也是一个极端（新型农村社区的思路和尝试不一定就是错的，各地新型农村社区的大范围建设则一定是错的）。农民向城镇转移和非农产业转移，发展中国家和地区的政府必须承担起这个责任，积极创造条件加快转移进程。政府现在有急迫感是对的，但再也不能刮风了，城镇化必须回到现实中来。

（三）坚持农民向城镇转移和非农产业转移大政，理性看待农民不再着急进城

这两年与前几年相比，除了城中村等群体，许多农民表现出并不十分急于进城，不再那么急着争当市民，不再那么热衷于待在城市，不再那么托人"找门子"转户籍关系，这是当前城镇化进程中出现的一种新现象。对此，笔者的认识是，这一现象表明了当代中国农民的思维意识观念和生活发展方式越来越趋于理性化了。

第一，农民，尤其是远距离城市的农民，要进城考虑最多的是进城以后能否有合适的就业岗位和稳定的收入，能不能在城里生存下来，而这一点，并不能得到来自政府和市场的保证。农民很清醒地意识到，政府想让农民过上和城里人一样的生活，但政府事实上保证不了进城的每个农民都能达到一定预期；同时，相对于市场经济，农民的小生产者的、半社会化的传统经营观念和模式惯性，使他几乎没有任何力量与资本去做一个城市化的"弄潮儿"。

第二，大城市病及其日益加剧的糟糕的城市环境污染，比起身居偏远山水之间、空气清新的农村，越来越促使农民不再向往城市，而是希望回归故里。其实，这也是一种必然。西方发达国家走过的路子可以看出，当城镇化发展到一定阶段时，往往会出现这样那样，甚至是短时期难以治理的问题，一些城里人，包括工业劳动者、社会贤达、一般城市市民等，纷纷搬离城市中心，到郊外、到农村、到更适宜人们寄居的乡野小城（城市难题得到治理，城市环境得到改善，城市的发展得到人们的青睐，到那时，人们就有可能会再度回到城市中心来）。只不过是我国的这一现象来得早了一些，即整个国家城镇化率还没有达到较高水平的时候，农民就"知难而退"了，但这不一定就是坏事儿，也许，还会使我国的城镇化走得更稳健、更殷实。

第三，不愿意往城市迁移，或不愿意转为城市市民的多为老年"傍儿（子）族"、"傍女（儿）族"。这些人由于长期生活在农村，待人接物、交差共事的大环境不同，尤其是传统的农村生活方式与现代城市生活方式的不同，作为带有几千年封建思想束缚，至今仍不能一下子超脱的、世传农民身份的父母亲与作为已经离开了农村，迈进了城市社会文明的门槛，丢弃了农民身份的儿女之间客观上就存在着"代沟"，并且因"代沟"产生种种矛盾和冲突，也正是这种农村家庭与城市家庭之间的，需要慢慢磨合，消除的"跨文化"差异，许多农民或是对进城持以观望的态度，或是干脆从城里返回乡里。

第四，农民不愿进城或从城市又回到乡里，还有一个重要原因，即总是惦记着他们那一片土地和那一所宅子，这是他们得以生计与发展的最基本的物质保障，是他们全部生活与生命力之所在，他们最怕的就是这些耕地和房产一旦失去了，城里又难以真正安下家，就等于断了根系气脉。农民是本分的，多年来由于一些涉农政策往往被棚架，农民的经济利益、社会利益得不到保证，或者说，农业、农村、农民制度体制改革不到位，农民的经济社会政治地位不明晰，因此，农民们宁愿回到村里喝着红薯稀饭就咸菜，也不愿意贸然地"盲流"于城市。

工业化、城镇化、农业现代化，"三化"应该是协调发展的，当工业化不足以带动城镇的崛起，当农业现代化不足以提升农民的思想观念和文明程度，当市场化的大势和浪涛不足以全面冲刷、荡涤、震撼到农民的心胸，城镇化、农民进城，只能是逐步的、顺势而为的，尽管我们必须推进城镇化，我们希望加快这个进程，我们努力创造条件缩短这个进程。而从政府推进城镇化及其城镇化对农民的吸收程度和可能性视角看，加快农民向城镇转移和非农产业转移，客观上要面对三个刚性条件：一是城镇的承载接纳能力（水、电、气、吃、住、行，以及入学、就医、养老等）；二是城镇的产业、就业、收入、社会保障、公共服务能力；三是农民现实问题（承包土地流转、集体所有产权权益、宅基地置换、进城以后的生活支持条件等）的解决以及农民与城市文明、素质的对接能力。

（2013 年 11 月 12 日　原载《学者之见》2013 年第 19 期）

二十一、走市场化路子，推进新型城镇化稳发展

——鹤壁新型城镇化进行时观感

近日我们中心一行到鹤壁学习交流，不仅为这里的人们没有省城郑州的雾霾袭扰，能够尽情地在蓝天白云、青山绿水中呼吸着清新的空气，享受着生态、活力、幸福而感慨，更为这里既没有喧嚣口号，也没有"刁民"恶搞，新型城镇化稳实的进行时而惊讶不已。

无可否认，受国内外经济曲线向下影响，现在大多数地方的城镇化事实上处于困惑，甚至半停滞的状态，要么是缺乏产业支撑，有城无市；要么是城市财力和公共服务受限，放缓进度；要么是农民担心失去土地，欲进不能，望城兴叹；要么是被动等待上峰态度，推推转转，畏首畏尾……显然，这些现象与状态在鹤壁是不存在的。我们看到的是鹤壁人一直在按照中央和河南省委、省政府城镇化工作会议精神及城镇化规划，使城镇化持续地处于稳发展中。接触中我们发现鹤壁新型城镇化能够处于进行时、稳发展，重要的是市委、市政府高层决策者注重按规律办事、谋求稳发展，保持良性的循环经济运行效应的指导思想和政策策略。同时，在实践中抓住了两个关键点：一是走市场化路子，让市场起决定性作用，引导龙头企业成为推进新型城镇化建设的主体和骨干力量；二是深化循环经济，放大产业载体能量，增加更多的农业转移人口市民化的就业机会，做到进城农民只要想干事儿，就能有事儿干。

给我们印象最为深刻的是务实推进新型城镇化、努力实现"三化"

协调科学发展、突破城乡二元结构、自我建构城乡一体化现代小城区的王庄镇。王庄镇位于浚县城北 10 公里处，总面积 110 平方公里，耕地 9 万亩，下辖 46 个村（居委会），7.1 万人口。 2013 年，王庄镇地区生产总值 23 亿元，财政收入 3926 万元，农民人均纯收入 9355 元。如果按照传统思维，这个镇要实现新型城镇化，完全靠政府，无论如何都是不可能的，他们把目光聚焦到了发展产业、依托企业身上。

近几年王庄镇依托粮食生产资源优势，以粮食精深加工产业为重点，积极扶持高成长性企业，11 家限额以上工业企业中，鹤壁市富邦食品有限公司、鹤壁市淇河酒业有限公司是省"农业产业化重点龙头企业"，中鹤集团是农业产业化国家重点龙头企业。2009 年 4 月，在市委、市政府、县委县政府支持下，以中鹤集团为主成立了县级粮食精深加工园区。园区规划面积为 5.8 平方公里，目前，园区建成区面积已近 3 平方公里，入驻企业近 20 家，总资产近 40 亿元，逐步形成了农业产业化全产业链生产经营格局，拥有玉米淀粉、小麦淀粉、小麦专用粉、营养挂面、糖果、玉米食用油、大豆制品等六大系列产品，年加工转化原粮 75 万吨，大豆 5 万吨，仓储量 70 万吨。随着省委、省政府打造"四个"河南，聚焦"三大"战略，加快"三个大省"建设，做到"三化"协调"四化"同步，实现中原崛起、河南振兴、富民强省宏伟目标的总坐标、总思路、总方略战略谋划及具体部署的日趋清晰，王庄镇进一步强化了"以产兴城，以城促产，产城融合，城乡一体"的发展理念，大力引导和推动企业产业链条延伸，利用市场化运作和与农民互惠互利、利益共享的联动机制，由政府规划，企业运营，建设新的王庄镇——中鹤新城，以期通过合村并居、土地流转等措施，更好地加速推进产业集聚、人口集中、土地集约，即以产业发展为基础，通过扩大就业来推动劳动力转移，通过实施住房和教育牵动来带动人口转移，并且依势而进，创造条件，通过提供一些服务和引导促使土地加速流转，实现农业土地的集约经营和城市土地的集约利用，探索走一条农区新型工业化、农区新型城镇化、农区新型农业现代化"三化"协调科学发展的新路子。

王庄镇依托中鹤企业集团，高起点规划建设面积 13 平方公里的中鹤新城，目前已完成投资 6 亿元，建成住宅楼 153 栋，粮食精加工基地、养殖业及加工基地、高附加值经济作物基地，以及商务中心区、特色商业区（街），高级中学、小学和幼儿园，城市公共服务设施等已经初具规模或进入运转，到 2025 年可容纳 6~8 万人居住，集产业、商务、信息、居住、医疗、教育、科技研发、商贸、技能培训等公共配套服务于一体的、实现农民就地转移的、功能齐全的现代小城镇必会昂然屹立在世人面前。

来到王庄镇，走进麦多王庄商业中心，当地有关方面人士告诉我们，麦多王庄商业中心由商业街和大型超市组成，总建筑面积 1.6 万平方米，总投资 3000 万元，日均客流量 5000 人次。有媒体称，这个商业中心的建设规模、营运标准、购物体验在我省农业地区的乡镇首屈一指。超市内提供食品、生鲜、百货、家电、纺织等五大类、超过 1.2 万种商品，实现了居民日常生活一站式购物，为中鹤新城和整个王庄镇 40 余个自然村居民提供完善的生活配套服务。有记者采访的一位中鹤新城居民兴奋地说："以前购物都是在镇里、县里的集市，现在不用跑路了，这里和镇里、县里一样了，什么都有。自己也找到了城里人的感觉了。"一位入驻麦多王庄商业中心的商户也坦承："我以前在家务农，搬进新城又赶上了建商业中心，就凑钱投资开了店。这里人气旺、档次高、发展好，开业首日销售额 3000 多元，入驻这里是选对了！"在中鹤新城，与这位商户一样从农民到老板或员工的村民还有很多。仅商业中心提供的就业岗位就有 1000 余个，全系本地居民。

王庄镇推进新型城镇化紧紧依靠中鹤企业集团，既按照城镇化规律建设新城，更注重其产业的高成长性和高新技术层次与传统产业所造就的就业平台对劳动力的吸纳能力与潜力，把进城农民的就业发展问题作为政府制定政策的基石，强化和保证进了城的人都能有活干，有收入，都能够安居乐业。为此，他们要求镇与社区两级统筹，企业与社区两方合作，共负辖区劳动就业之责，做到人人有业可就，保证想干事儿的人都能有事儿干，并建立台账，跟踪督查。农民进城有事儿干，有收入，便有可能放下许多疑虑和包袱，融入城镇化，助推城镇化，王庄镇实践发出的正能量足以证明了这一点。

王庄镇将社区建设与企业发展结合，加快新型工业化、新型城镇化、新型农业现代化互促共进、协调发展的积极探索，受到了各级领导、社会各界，乃至国内外学者的高度关注和浓厚兴趣。河南省委、省政府将此称为"中鹤模式"，作为加快中原经济区建设的一种先行先试模式在全省示范和实验。

新型城镇化建设，政府不可能，也不应该是具体的建设者。第一，政府的功能角色定位是规划者、推动者；第二，政府拥有宏观经济调控的职能，却并非同时拥有经济资源的全面配置权力；第三，政府对国民收入的分配及其可使用部分主要是用于国有企业的扩大再生产和增加公共产品、公共服务的投入，有限的收入和支出决定了它没有大量的财力、物力用于新型城镇化建设，因此新型城镇化建设在体制机制上要靠市场，在实际建设过程中要靠企业，即发挥企业带动城镇化发展的骨干性主力军作用。当然政府也要积极作为，尽力而为，特别是在工业化、城镇化的初始期，政府必须要勇于担当。

王庄镇的崛起，最初也是得益于政府的助力。面对中鹤新城的设想与规划，为了进一步调动企业的积极性、主动性和创造性，政府首先搭建了一个融资平台。按照该县财政部门负责人的话说，当时注册资金是财政拿出来 5100 万元，中鹤集团拿出来 4900 万元，共同搭建了一个平台——浚县中鹤新城投资有限公司。就是这个 5100 万元，现在撬动了将近 6 亿元的、包括银行在内的社会资金，解决了入住新城居民就业、就学、就医的需求，两万多村民住进了公共设施配套齐全的商业小区，一个农业大县，一个粮食生产区，仅仅是投入了5100万元，一座环境优美、功能完善、宜居宜业的新型小城已然鹤立，个中内涵与外延实乃令人玩味无穷。5100万元的效应是6亿元，而接下来的建设则还会不止6亿元的投入，这就是市场化的路子和市场的力量，这就是市场化的魔力和魅力之所在。

所谓市场化路子，发挥市场对资源配置的决定性作用，一是明晰市场主体，即企业在市场经济体制运行中的地位和作用；二是按照市场法则，让企业真正成为经济社会发展独立的商品生产者和经营者，自主生产、自主经营、自主管理；三是鼓励、支持、引导企业追求利益最大化和应肩负的社会责任，达成企业目标和政府目标取向一致，植根本土，造福一方；四是主动转变政府职能，超脱出微观事务，从直接运作经济向间接调控经济过渡，从规制性管理企业向开放性服务企业过渡，把政府主要职能精力转变到制定规划政策，强化市场监督，提供公共服务方面来。抑或说，在社会主义初级阶段，在经济全球化背景下，我们一方面要全面深化改革，进一步解放思想，扩大对内对外开放，坚持市场化发展，注重让市场机制来调节经济；另一方面还要发挥好政府作用，让政府自觉地担当起推进国家和地区新型工业化、新型城镇化、新型农业现代化"三化"协调科学发展的责任，这是作为发展中国家和地区的我国社会主义市场经济体制的本然内容和特色表征。

王庄镇新型城镇化建设，有着实在的、生动的理论和实践价值。从理论上看，政府在体制机制政策上搭台给力，企业在新型城镇化和整个"三化"协调科学发展中唱主角、当主力，提供了坚持社会主义市场经济体制，走市场化发展路子的范式，深化了中共十八届三中全会《决定》强调的发挥市场对资源配置起决定性作用的理论和政策指向；从实践上看，明确了政府—企业—市场的相应关系和功能定位，找准了政府目标—企业目标之间利益互动的契合点，梳理了"三化"

协调科学发展的基本着力点和技术线路图。

新型城镇化建设的基础在产业，瓶颈在资金。王庄镇依托企业利用微量资金撬动社会更多资金的经验和模式，为我们在推进新型城镇化过程中破解资金瓶颈提供了一个有益的路径选择。我省一位资深财政专家认为，6000 多万的农村户籍人口和低于全国平均水平 10%的城镇化率，一直是河南发展道路上两道难迈的坎儿。未来，多元化资金筹措机制，将成为推动新型城镇化建设的保障。政府与企业合作，把政府规划、协调与民间资本运作、效率结合在一起，吸引民间资本参与公共事业和基础设施建设的探索是值得肯定的。城镇化建设涉及方方面面，也是新型社会关系和新制度的创新过程，鹤壁市推进新型城镇化建设稳发展的模式，无疑是具有创新性的。

（2014 年 9 月 14 日　原载《学者之见》2014 年第 18 期）

二十二、别让"底特律破产对中国城镇化的警示"给吓唬住了

也不知道从什么时候起,我们的一些人总是喜欢拿发达国家的事情来说教中国。比如,美国密歇根州的底特律市破产了,立马就有人撰写文章或是发表谈话,大呼"底特律破产对中国城镇化的警示"。但是,看过来听过去,所谓的警示,从城镇化的视角说,也只有一个产业问题沾点儿边,然而,一个警示,搞不好还真会把人给吓唬住了,尤其是在现时从中央到地方都在积极推进城镇化之际。我们不是喜欢封闭或排外主义者,更不是自尊自大不愿意汲取别国的经验教训者,我们提倡实事求是,提倡一切从中国国情实际行事,而不要听风就是雨。底特律从 1701 年被发现并成为一个皮毛交易中心,到 1815 年正式建市,到 20 世纪 50 年代的最鼎盛时期逐渐走衰,到今天申请破产,经历了漫漫几百年的演变,而我国的城镇化则刚刚上路,实际的城镇化率也只有 30%多,这么一惊一乍的,恐怕不利于城镇化的推进,且一些说法并不可靠。

(一)破产的是底特律市,而非蜕变后的"汽车城"——大底特律地区

因为政府拒绝施以任何援助,美国底特律市于当地时间 2013 年 7 月 18 日申请破产,密歇根州州长施耐德当天批准了底特律申请破产的有关文件。曾经代表西方国家社会生产力水平,被称为世界汽车工业中心的底特律由此风光不再。

底特律，原为印第安人居住地，1600 年末，被一位法国皮毛商发现其优越的地理位置，使其逐渐成为一个皮毛交易中心，后被法、英占领，1796 年加入美国，1815 年正式建市，随着大湖航运的辟通和伊利运河的竣工迅速发展。1896 年，亨利·福特在底特律市麦克大道租用的厂房里制造出了他的第一辆汽车，拉开了底特律工业的帷幕，并依靠附近的铁矿石、炼油厂，以及克莱斯勒等汽车先驱的入驻，成就了世界汽车工业之都的美名。

底特律还曾经修建了世界上第一条水泥大道和第一条通向芝加哥的城际高速公路。底特律不仅有着最早的电力公司，有着良好的工业基础，其历史、文化、艺术也被世人所看好，但是支撑底特律经济社会发展的最主要的还是汽车工业，一个通用汽车公司的贡献就占到美国 GDP 的 3%，而汽车经济提供了底特律财政收入的 80% 的来源。

毫无疑问，没有汽车产业，就没有底特律昔日的辉煌。城镇以产业为支撑，当产业出现变化时，城镇却不能适应，就有可能失去活力。2008 年金融危机的爆发，也同样撞击了汽车产业，福特、通用、克莱斯勒三大汽车巨头大量裁员，整合经营，甚至抉择空间位移，从城区迁移到郊区，以转移压力和规避风险。但与此相连的底特律市政当局并无作为，甚至对新出现的城镇化大势表现出麻木，以至于卫星城隆起、老城区空心化，财源断流才恍然觉悟，却悔之晚矣。

美国的城镇化走到当今，实际上是一条城市郊区化发展的路子，即越来越多的人们不断从中心城区（市中心）搬迁到郊区居住，一些企业因种种原因从中心城区搬迁往郊区扎营，渐渐地便形成了一个一个的卫星城——围绕原有城市中心由数个卫星城空间连接起来的城区与郊区各异的新型城镇化格局，底特律就是这样的。现在说的底特律市只是底特律市蜕变后的大底特律地区的一部分，底特律市和大底特律地区是两个概念。底特律市的面积只有 370.2 平方公里（还没有北京市海淀区的面积大），大底特律地区的面积为 1.04 万平方公里，统计数据人口 435 万人（当地一位官员说有近 600 万人口）。很显然，今天讲的汽车城，已非指原底特律市了，而是大底特律地区。如今，底特律市与周边卫星城镇的区别之大，许多人认为用"可怕"二字来形容也一点儿都不夸张。也有人称"冰火"两重天——底特律市区破败不堪，底特律市周边一个一个小城镇则繁华兴盛。因此，应该说是底特律市破产了，而不是汽车城破产了。

（二）底特律市破产并非完全是产业问题，更多的是社会问题

很多人认为，底特律市破产是因为汽车产业出了问题，然而统计资料表明并非如此。通用、福特、克莱斯勒 2012 年的产值创下了近几年的最高纪录，被人赞誉为"拉动美国经济复苏的'功臣'"。即使是在底特律市宣布破产的 2013 年 7 月，数据显示，通用汽车在美国本土的销量为 23.4 万辆，同比增长 16.3%；福特汽车销量为 19.37 万辆，同比增长 11.4%；克莱斯勒汽车销量为 14 万辆，同比增长 11%，创下最近 7 年同期月度销量的最好纪录。值得指出的是，三大汽车公司事实上也并没有远离底特律，除福特总部迁往底特律市西南不远的迪尔伯恩、克莱斯勒迁往距离底特律市 60 公里的奥克兰郡首府沃特福德外，通用汽车则一直坚守在市区的底特律河西岸（它的生产工厂大多已迁往底特律市北部卫星城）。所以，美国人说，底特律破产与汽车产业没有多大关系，汽车工业"涛声依旧"，原定的 2014 年底特律汽车展照常进行。

底特律破产与汽车产业无太多关联，那是什么原因导致底特律破产的呢？大多数人们认为这与长期积淀的社会问题是分不开的。一对中国夫妇曾于 2007 年初探访过底特律，称底特律是"一个锈迹斑斑的城市"。本来，去底特律是他们期待已久的事情，因为在他们的心目中，那里代表的是"资本主义的工业心脏"。尽管友人劝阻最好别去，那里存在着治安问题，他们还是坚持要眼见为实。一到底特律，果真

使他们不敢相信自己的眼睛，他们怎么也没有想到这个使爱迪生淘得第一桶金的地方，这个在今天财富世界 500 强的排名里仍然占据着 50 多个席位的名城，为什么会如此惨败呢？他们返程的大部分时间都用在了底特律衰落的解析上。"物美价廉的日本汽车对美国汽车压力很大，但通用和福特仍然是翘楚；网络泡沫破裂后，人们发现财富 500 强里绝大多数还是传统产业；同时，种族冲突是底特律破产的第一个诱因，但深层次的原因首先是黑人的精神退化——从南北战争时逃亡底特律，到底特律的摩登时代，黑人的精神是向上进取的，但在近 50 年里，底特律黑人的精神却在不断地退化，以至于很多年轻人宁可乞讨吃救济，也不愿意找活干。一个市民主体如此颓废的城市，还能咸鱼翻身吗？还有一个诱因是人心的取向。当人们都认为一个地方有着美好的未来时，人才、资金便都会涌向这个地方，这个地方就会兴旺。就像大家都看好一只股票，这只股票一定会涨。当人们都对一个地方丧失信心时，这个地方就会陷入恶性衰退，底特律的故事，就是最经典的演绎。

　　社会问题也就是人的问题，和这对夫妇的认识一样，许多人士分析底特律衰落根源，把其概括为两点，一是人口数量大幅度减少，二是人口素质大幅度下降。底特律在 20 世纪 50 年代的人口达到 185 万人，为美国第四大城市，现在却减少到 73 万人，排名移至美国城市第 18 位。而在这 73 万人口中，黑人、老人等占到近 90%。底特律的失业率几十年来一直徘徊在两位数居高不下，最高时达到 23%还多，市区治安混乱，犯罪率持续上升，而警察接警需要费时一个小时。更令人惊讶的是，市政官员浑水摸鱼、"破罐破摔"，贪腐如影随形。底特律市前市长基尔帕特里克被判犯有 20 项腐败和受贿罪，负责管理退休基金的两名官员因贪污被捕，前警察局长因性丑闻辞职……这样的城市不衰败倒不正常了。

（三）底特律破产是由财政危机引发的

美国 CNBC 电视台就底特律破产做过详细报道，它们认为其跌入破产窘境是由三大原因造成的：一是人口急剧下降，导致税收同时大幅下降；二是市政项目支出庞大，市政项目赤字庞大；三是金融危机的影响仍然较大。截止到申请破产之日，底特律市政府欠下 185 亿美元的长期债务和数 10 亿美元的短期债务，使底特律破产笃定成为美国历史上规模最大的城市破产案。密歇根州州长施耐德在一个官方网站视频中说，"这是一个艰难且痛苦的决定"。"从财务角度看，恕我直言，底特律已经破产"。而几乎是同时，施耐德在致密歇根州财政部长的信中写道，"我知道许多人将认为此刻是该市历史上最糟糕的时刻"，因为"那些债务原本就没有偿还的希望"。底特律市财政收入的 80% 来自于汽车工业，但是汽车工业大多已逐渐从市区迁到郊区，同时美国汽车产业还受到来自日系、欧系汽车的冲击，加上 2008 年金融危机使汽车产业大量裁员，许多工人失业，还不起房贷，引发社会动荡，这一切事实上已经断裂了底特律市政府收入的渠道，亦如施耐德州长的视频讲话所说的，"以底特律的衰落来看，当前形势已经酝酿了 60 年"，可谓冰冻三尺非一日之寒。

现在有人一直说，底特律市财政收入单一，过分依赖汽车经济。其实，只说对了一半，原来确实是依赖汽车经济，但当汽车巨头们将他们的公司从市区纷纷迁往郊区或其他地方之后，市财政想依赖都依赖不上了。汽车巨头们为什么要把公司搬迁？这要追溯到几十年前。20 世纪 60 年代，底特律黑人受到蛊惑爆发游行，很快演变成社会骚乱，大量白人居住点、经营场所，甚至包括警察局都被焚毁，店铺歇业、银行关门、学校停课，大量白人逃向郊区或干脆远离底特律市。更为严重的是社会动荡严重干扰了汽车经济运行秩序，三大汽车巨头的生产线陷入瘫痪。汽车业的停滞，大量白人的离去，政府失去了来自法人和自然人的税源收入。20世纪80年代，底特律与美国汽车产业一起又一次受到冲击，即日本和欧洲的汽车厂商将它们的工厂直接建到了美国的土地上，由于日本汽车生产效率高、成本低、价格便宜，以及精美的内外装饰，着实惊吓了美国一回，美国汽车霸主的地位出现动摇，整个汽车经济效益出现下滑。与此相伴的新工业革命浪潮也使得这些躺在汽车轮子上的美国汽车业巨头开始再一次寻思着改进工艺、研发新技术，但是工业劳动生产率的每一次提高，都同时增大社会失业队伍的规模，也都会相应减少政府的税收。2008年，美国出现的次贷危机引发了金融大危机，底特律市的财政状况也迅速恶化。2008~2012年政府长期负债从86亿美元增加到140亿美元，而同期的政府净资产则从126亿美元减少到-3.3亿美元。这次危机，曾使通用公司一度进入破产保护程序，由于美国联邦政府伸手相救，出资495亿美元，把它从破产边缘给拉了回来，但毕竟元气大伤，此后，再也无力负担底特律更多税收。

此外，也有人认为，底特律市的破产不应该与汽车产业之间画等号，因为这些年，底特律市政府并没有再完全过分地依赖汽车产业了，而是已经将重心转移到了房地产业，即依靠底特律的名城效应和底特律的地理位置、自然环境大力发展房地产业，以增加税源。但是这个决策忽略了一个现实，就是迁出底特律市的人口总是大于迁入底特律市的人口，出现房价不振，财政收入失算，再加上政府投资项目失策，助推和加剧了底特律市的破产。

（四）不能让底特律破产影响我们推进城镇化的心情和步伐

底特律破产了，成了"罪恶之城"、"悲惨之城"、"腐烂之城"。底特律走到今天，给了我们太多的联想和启示，但恐怕没有必要因此而惊慌，特别是千万不要让它破坏和影响了我们推进城镇化的心情和步伐，因为城镇的破产实在是一件极其正常的事情，只是在我们这样一个国家里，人口多、底子薄、城镇化水平低，过去没有意识到罢了。

城镇，在我们的印象里，似乎一直被定位在地理学的一个空间范畴，实际上它首先是一个经济学、社会学概念，很多人在一起从事商品生产与交换，从零星分散到规模集聚，从个体劳动到现代企业，从按照市场法则运营到发挥政府组织作为，所谓一国经济社会的发展，指的就是城镇经济社会的发展。城镇，或以先天自然资源，或以后天市场资源而兴衰，但是，自然资源的开发利用、市场流通的繁荣萧条，本质上是一个城镇经营的问题。有资源，经营不善，城镇化就难以为继；无资源，善于经营，城镇化则依然有序。前者如现在的底特律，后者如前苏联的拉脱维亚，以及日本的许多城镇。

从理论到实践，城镇兴盛与破产应该是一条规律。城镇作为一个空间地域，承载着各类各种产业、企业，产业断续了，企业破产了，这个城镇必然也会随之进入一个拐点，出现停滞，直至破产。有企业破产，就有城镇破产。密歇根州政府此前曾于2013年3月委派华盛顿律师奥尔作为紧急财政管理人接手底特律市，奥尔事实上就是一位擅长处理企业破产、策划企业重组的专家（据称克莱斯勒重组案即为奥尔运作），让处理企业破产的人去处理城镇破产，本身就说明城镇与企业之间的正相关关系。

客观地说，底特律破产的确有产业的因素，但问题不在于产业本身，而是作为产业经营者和城镇经营者是否关注到相应动态及其影响后果，从而如何在城镇的经营和管理中积极转化可能发生的危机，规避可能出现的破产。一些人强调，底特律破产，是因为遭受到美国次贷危机的重创，但这可能只是一个表象问题，核心的应是一个城镇产业转型与持续，顺应工业革命大潮与否的问题。2008年美国次贷危机引发的经济萎缩，既有金融运作过度因素，但更是一个工业文明进退去留的历史转折机遇问题，即正值实体经济运行第二次工业革命止步和第三次工业革命开始之际，任何一个企业、政府都不应该只是看到表象，而不去感觉和触摸世界产业的发展已经迈向了新能源、新材料、新技术（尤其是移动互联网）、新生态的第三次工业文明的新门槛，不去关注和应对旧的、过去时的产业正经历着的改造、提升，遭遇着重组、淘汰，不去研讨和抉择新形势下新的契机、新的抓手、新的路径，稍许的麻木可能就意味着失利与失事。中国是一个发展中国家，但是中国人并不笨，面对瞬息万变的花花世界，中国人从老祖宗那儿传承下来一句话，叫"会看的看门道，不会看的看热闹"，看出门道了，化危机为机遇；看热闹、跟着瞎起哄的，自然也就不知所措，陷入被动。底特律这个工业名城，也许太自负、太自信了，也许压根还没有看出来什么，但不管怎么样，最终是没有扛住，最终申请破产，这个教训太深刻了。

底特律破产了，但城镇的破产在美国是一种常态。有关资料记载，自 1937 年以来美国申请破产的城镇达到 600 多个，仅加利福尼亚州在 2012 年向法院申请破产的城镇就有 3 个。美国城镇的破产往往是财政的破产，而不是政府职能的破产，因此，政府破产和企业破产不同，政府破产主要是通过削减开支、裁减公务员、与债务人谈判请求延长债务期限、实施债务重组等，而不是债务清算。

底特律破产也给了我们一些有益的启示。第一，城镇化是一个趋势，但是城镇化没有固定的模式，既不能机械地让人们都涌向和追求大城市化，也不能搞泛城市主义，使城市失去人的素质支撑，特别是高素质阶层对城市建设与发展的本然主体性活力。第二，城镇化一定要有产业的支撑，但是要在强调产城融合的同时，还要强调产城互动，即政府既要把城镇化构筑在产业经济的基础上，也要注意产业变化，运用"看不见的手"来引导产业的接续和城市的转型。第三，城镇化也是对政府能力和水平的考量。底特律破产，说明政府不是无限的，在市场经济条件下，政府行政职能虽然不会被破坏，但是，一个时期里的财政支出不当，则很有可能造成政府的被动，甚至因入不敷出而陷入破产境地。我国地方政府债务有 20 万亿元之巨（原国家财政部长项怀诚说），这个风险只是没有被意识、被惊吓而已。从这一视角看，底特律的破产也的确给我们敲了警钟。所以，科学推进城镇化，绝非是一个口号，而是有着实实在在的内容。

（2013 年 8 月 26 日　原载《学者之见》2013 年第 14 期）

二十三、郑州航空港经济综合实验区从规划走向现实的理论思考

　　河南省委书记郭庚茂最近指出，河南的情况大体可以用三句话来概括。一是经过这些年的发展，河南的优势特别是市场和区位优势在上升，在海内外的影响也在上升；二是河南加快发展、实现崛起的各项体制和基础条件日趋完善，最具标志性的是国务院为河南批复了《河南省粮食生产核心区建设规划》、《中原经济区规划》、《郑州航空港经济综合实验区发展规划》三个战略性规划，在夯实粮食基础、加快区域经济发展、建立高等级平台窗口参与国际化分工等方面给河南提供了重要条件；三是随着宏观经济形势的变化，河南作为我国新的经济增长极的态势开始形成。总体来讲，河南正呈现出加快发展、蓄势崛起的良好局面。这是关于当前河南经济社会发展的态势、趋势、气势，所做的科学的、精辟的评价与论断。

　　河南的形势着实令人鼓舞，尤其是 2013 年 3 月 7 日国务院正式批复了《郑州航空港经济综合实验区发展规划》，不但进一步确立了郑州的（也是全国第一个）国家航空交通枢纽地位及其作用，而且使得作为国家战略发展层面的中原经济区的建设，在原有依托产业聚集区支撑的同时，又添加了一个新的、更加重要的增长极。从"产业集聚区"，到"中心商务区"和"特色商业区"，再到"航空港经济综合实验区"，一方面反映了河南省委、省政府高层领导实施调整经济结构，转变经济方式，寻求河南经济—国家经济—世界经济一体化发展的战略谋划；另一方面昭示了河南振兴、中原崛起，全面建成小康社会的

实在的、振奋人心的、灿烂的光明前景。

航空港经济综合实验区是一个由航空经济延伸、演化形成的新的经济架构，如何以科学的理论思维，助推航空港经济发展，是我们在欢呼国务院《郑州航空港经济综合实验区发展规划》批复之后，必须认真、冷静研讨的课题，尽管从航空港经济综合实验区的酝酿，到申报批复，已经有着积极的理论支持系统，但毕竟这是一个新的概念和业态，在今后的建设过程中还会遇到许多需要探索、碰撞、创新的问题，并且从目前有关航空港经济区研究的现状看，也还存在许多需要深化、明晰的问题，理论来自实践，实践是检验真理的标准，但是，理论对实践的影响与指导意义是无论用什么也替代不了的。

（一）航空港经济是交通运输经济的延伸和演化

马克思主义经济学把人类的经济社会活动分为物质生产性和非物质生产性，并认为物质生产劳动创造价值，社会财富是由物质生产劳动创造的。农业经济、工业经济、交通运输业经济、建筑业经济，以及商业经济的一部分，属于物质生产劳动范畴，其中交通运输业经济，包括铁路运输经济、公路运输经济、水路运输经济、航空运输经济、管道运输经济等五大分支，即人们常说的铁路、公路、水路、航空、管道五种运输方式为内容特征的经济活动。航空经济，主要是以航空器为基本载体，实现人、物在地理空间上的位移，包括航空器制造业、航空客运业、航空货运业等。航空经济的最大优势和基本特征是速度快、耗时短、效率高。航空经济作为交通运输经济的重要组成部分，是国民经济和社会优先发展的行业，居于国民经济和社会的先行地位。

航空港经济与航空经济的区别是挖掘、延伸、扩大、提升了航空经济的原有内容视域。如果说航空经济的客运和货运的实现，主要以"天"为运动条件支撑，那么，航空港经济则主要以"地"为运动条件支撑。航空经济"吃"的是空中饭，航空港经济则"天"上、"地"上

"统吃"。所以称航空港经济为新经济形态，就是突破了传统航空经济的观念与束缚，注重借助航空经济的地理平台，在不断提升原有航空交通枢纽经济效能的基础上，顺势带动相应产业的崛起，并且形成新的产业定位指向、新的产业组织形式、新的产业运行机制、新的产业环境条件，实现着航空经济与航空港区地平面经济的双赢。

一方面，航空港经济超越了航空经济的局限性，拓展了航空经济的地理空间，放大了航空经济的最大效应，使航空经济直接与农业经济、工业经济、商业经济、建筑业经济连接，形成了物质生产性创造的新经济格局；另一方面，航空港经济的港区都市化建设又契合了新型城镇化的发展，既为加速港区产业的研发、生产、运输、销售的时空效能的一体化运行构筑了平台，也为地方推进工业化、信息化、城镇化、农业现代化"四化"同步，实现跨越式发展创造了一个新的增长极。

（二）航空港经济运营的重心是从一般航空枢纽走向航空港都市区建设

航空港经济运营的重心在"港"，即港区建设，包括依港区形成的各类产业集聚区和依港区形成的新兴都市区。长期以来，我们只注重航空交通枢纽的意义，各地政府为此争抢成就枢纽地位，扩大客、货运吞吐量，却忽略了枢纽场地的转型，忽略了枢纽价值的外延，忽略了航空经济与所在地经济的天然联系。特别是在今天国内外经济下行压力不断增大，经济的非常态、高频率波动要求我们不断寻求新的经济增长的空间，探索和实现经济的重组再造、结构优化、方式升级时，却只是把航空港经济综合实验区狭义地理解为航空运输经济的膨胀问题，而没有认识到要借机从一般航空枢纽走向航空港都市区建设，没有感悟出这里原本就是一个可以更好利用的、极具潜力的、极具带动性（包括对港区新生经济和全省域经济的带动性）的经济空间。同时，面临以新型城镇化引领，破解城乡二元结构，趋向农业转移人口市民化，推进经济社会转型的大势，即我们遇到了农民要进城，城市却因产业带动与支持性乏力的尴尬。换句话说，多年来我们的两只眼睛一直盯着"城"发呆，而对城郊的这块航空交通枢纽之地则视而不见，硬是没有意识到把航空交通枢纽变成航空港都市新天地——既引导了产业集聚，又自然而然地形成了人口集聚，不能说不是一大遗憾。在今天，中原儿女的思维观念不仅突破了，而且不是一般的捷足先登，是被省人大副主任张大卫称之为"先手之利"、"战略先机"，是把理想设计上升到了国家层面，进入实质性运作过程，真所谓"无"中可以生"有"，思想解放天地宽。

　　航空港经济区建设按其定位预期，应该有三个方面的内容：一是港区原有航空交通枢纽的建设。即着力放大航空交通枢纽的地理区域性、经济规模性、技术层次性、文化品位性，在增强港区经济活力、高起点发展港区经济社会背景下，从国内转向国际，打造国际航空经济中心，提升以航空港经济为坚实后盾的航空经济竞争力，树立航空交通枢纽的新形象。二是推进港区产业集聚与集群发展。航空港区产业集聚与集群发展，既包括以航空经济为主导的原有关联产业链的拉长、壮大，也包括积极支持投资航空港区，直接集聚于航空港区进行产业研发、产业布局、产业运营的各类各种行业和企业。对于原有航空产业建设的立足点是追求规模经济效益、提升技术含量层级、重塑品牌形象，而依托港区的新生产业经济，则是以总部经济、金融机构、大型财团，以及按照产业集聚区建设规划引导集聚的一些战略支撑产业发展，如物流产业园区、来料加工工业园区等。三是围绕港区经济需求形成的新都市体建设。就是要科学规划、修正完善港区基础设施和公共服务体系，特别是要按照科学发展观，坚持生态文明理念，坚持集约、节约、智能、绿色、低碳发展，坚持优化港区空间布局，打造高品位、国际化的新兴航空港经济综合服务区，成为区域和国家对外交流的门户与窗口，成为引领中原经济区发展、服务全国、连通世界的开放高地。

（三）航空港经济区的建设是社会主义国家凭借制度力量实施的一种新型城镇化发展的路经选择

关于郑州航空港经济综合实验区的规划与建设，自国务院 2013 年 3 月 7 日批复以来，成为党政部门、科研院所的领导、专家、各大媒体热的议话题，但多数仍然是停留在意义论证上面，就其内容我们可以把这些概括为两个方面：一是说某某国家的某某机场枢纽年客货运吞吐量多少多少，却并无提及相应的，即作为航空港经济、作为航空港都市区概念上的数据资料是怎样的。这是因为，在国外，航空枢纽也就是一个实现航空客、货地理空间位移的平台，寄居于城市的一隅，最多称之为一个小小的、特殊的航空港，并不与地方经济社会发生那么多的关系。所以，翻阅航空交通枢纽的历史，在西方并没有什么航空港经济区、都市区之说。二是说首都机场所在地、北京顺义地区因机场而带动的经济收益的多少多少，这只能证明航空经济对地方经济的带动性，但带动性经济与直接的航空港经济是两个概念范畴。从理论上可以说因为这种明显的带动性，蕴含了建设航空港经济都市区、追求航空港经济潜能的动力，却不可以认为它就是航空港经济。也是这样，从党政部门到学界，都把郑州航空港经济综合实验区称为国内第一家，抑或说是国家推动建设第一家，其实世界上也没有。

世界上为什么没有形成航空港经济都市区，我国现在则要尝试去建设，还被国内外人士认为这不仅是可能的，其前景也应该是非常好的。这除了郑州的自然地理、经济地理、政治地理、文化地理、人口地理、军事地理等因素外，根本的还是因为社会制度、生产关系性质的不同。资本主义社会，生产关系的基础性、决定性因素是生产资料的私人所有，私有制就决定了都市社区的建设、城市的发展，主要依靠人文经脉、历史传承、市场法则、政治交易，以及城市经济自身的变迁等。因为生产资料，包括土地、资本、技术、劳动力的私人所有这个前提条件，政府其实是难以作为的，即使是资产阶级经济学家创始人的"两只手"理论在1929~1930年资本主义经济大危机复苏与反思中被奉为"主的意志"，然而，除了市场、还是市场这只手的指挥引领之外，政府对经济运行的即便是"适度干预"作用也一直都是相对有限的（那一场大危机从萧条到复苏整整走了十年）。这是因为，第一，资源财产的私人所有，即使政府也不能恣意侵犯；第二，政府除了提供基本的城市公共产品和服务外，是不会从主观意志上拨出财政资金去兴建一个即使是微小的都市的；第三，市场的调节及其力量取决于市场主体利益这个基本的经济杠杆，即自然人或法人的市场偏好与边际效应；第四，人类社会走到今天，无论在东方，还是在西方，还没有查出来有哪一位"有钱人"或有几位"有钱人"建新都市的。为都市做公益事业，捐资修一条路、建一所小学者有，造一座城者没有。

资本主义私有制社会，航空港经济及其都市的建设是艰难的，而社会主义社会制度则是有可能的。第一，社会主义社会的生产资料是公有制为主体和主导的，这一生产关系性质就决定了代表国民大众利益的国家政府有权利动用、统筹一切资源；第二，社会主义社会城镇化、都市区建设，属于国家战略规划和实施的内容范畴，航空港经济综合实验区这样的大动作反映的是一种国家行为；第三，航空港经济综合实验区虽然是政府推导，但具体建设与发展，从体制机制上也还是发挥市场调节的基础性作用，即宏观规制调控，微观放开搞活的"两只手"经济运行。省委书记、省长北上钓鱼台国宾馆点亮"中原之夜"，南下海南，详述郑州航空港"奋飞蓝图"的博鳌论道，以及早前的国务院新闻发布会，无外乎是向世人宣告，中国第一个航空港经济综合实验区落户郑州，欢迎投资这一方热土，这就是政府推导、市场运作，也只有这样才能使规划转向地上人们能够见到的。

（四）航空港经济区建设和其他区际空间建设的差异性

传统的航空经济，只是作为交通运输经济的一个内容方面，加之行业的特殊性，几乎是与地方经济隔绝的。当人们超脱了就枢纽说枢纽、就港区说港区的意识观念束缚的时候，无论是航空业本身，还是枢纽所在地政府，自然心潮涌动，渴望联手。航空业希望放大航空经济效应，地方政府希望借助航空业，带动区域经济发展，这就促成了航空交通枢纽由小变大，航空港区由单纯航空港区变航空港经济综合区、新型都市区。

从航空经济走向航空港经济，并不是现在才提出的，也不是只有河南人在期盼。在国内，具有航空经济优势的"枢纽"、"港区"，事实上一直在努力争取航空港经济新都市区建设的先行先试权，仅全国申报航空港经济综合实验区的就有 54 家，但是，包括世界上许多国家的航空枢纽、航空港，时至今日，也还没有一个真正建成航空港经济都市区的。因此，我们要珍惜这次机遇，亦如谢伏瞻省长要求的，必须"高水平地编制实验区概念规划、总体规划和专项规划，高标准建设各类软硬件设施、建立完善高效率的管理运转机制，力求实现高速度可持续发展"。

航空港经济综合实验区的建设有着自己的定位和规律性，一方面要满足放大航空经济效应的要求，另一方面要促成工业化、信息化、城镇化、农业现代化"四化"同步发展，真正形成地方经济的一个重要的增长极。但是，由于航空港经济综合实验区的临空性，处于国家经济安全的考虑，一些国家战略性新兴产业、尖端科技型产业等并不适宜全面进入航空港经济区，所以航空港经济区的建设还存在和一般城镇化建设与发展的差异。

航空港经济综合实验区的产业经济定位，应是产业高级化为主体和主导的，即航空港经济综合实验区建设，要吸引那些技术成熟的、大规模大批量的、经营市场份额高的、经营理论水平好的企业入驻，包括各类各种财团、企业总部，以及来料加工、大型物流、商贸服务企业等，以顺应这类产业对改变运输方式、节省交通成本、缩短交货期的现实需求。

航空港经济综合实验区，还要按照城市化规律搞好规划、注重港区经济都市气息，强化开放性、生态性、宜居性。

值得指出的是，航空港经济区既要建好服务于航空港产业需要的物流园区，也要依托航空交通枢纽平台优势，建设面向省内外、国内外特别是放眼国际人才交流市场的"人流"园区，引来各类各种世界一流人才流动、"猎头公司"入驻，真正使城市化成为"人"的城市化，这才是港区发展具有的战略意义。

(2013 年 4 月 17 日　原载《学者之见》2013 年第 6 期)

二十四、打造现代综合交通枢纽和物流中心、带动提升高成长服务业大省建设水平

　　河南省委书记郭庚茂最近在郑州航空港经济综合实验区调研时指出，"河南最大的优势是区位和交通，打造现代综合交通枢纽，并以此形成物流中心，这是河南今后发展的关键，发展的命脉"，并认为"打造现代综合交通枢纽和物流中心具有深远的战略意义"。郭庚茂还深刻地分析道，区域经济的发展必须从比较优势出发，在发展航空客运上我们没有优势，所以，我们一定要把航空枢纽建设的重点放在货运国际枢纽上，一方面解决和推进河南在更高层次上的对外开放、参与国际循环的问题；另一方面"打造现代综合交通枢纽，要以国际航空货运枢纽为核心，机、公、铁三网联合，形成竞争优势"。"以国际航空货运枢纽为核心，通过机、公、铁三网联合，配套集疏，形成成本优势"。从而指明了郑州航空港经济综合实验区建设的重心和定位，同时，也揭示了郑州航空港经济综合实验区建设事关全省大局，对整个河南经济社会的带动性作用和意义。

　　郑州航空港经济综合实验区从 2013 年 3 月 7 日获得国务院批复，上升为国家战略层面以来，航空枢纽建设取得重大进展，基础建设大规模展开，客流特别是货运快速增长。招商引资、承接产业转移获得重大突破，引进了菜鸟、友嘉等一批高层次客商，酷派等一批智能手机企业落户。2010 年 3 月富士康入驻至今，在国际、国内产生了较大影响，品牌效应日益显现。目前，正在形成并且已经被国家海关总署

非常看好的大口岸、大通关格局，除了已经成为国家进口肉类指定口岸、跨境贸易电子商务服务试点外，正加紧扩充完善综合保税区功能以及争取国家批准设立药品、汽车等更多的进口商品指定口岸，包括积极申报自由贸易区工作。无疑，郑州航空港经济综合实验区的建设，已经成为河南乃至中原地区对外开放的平台和窗口。

郑州航空港经济综合实验区打造现代综合交通枢纽和物流中心，也为河南经济结构调整、转变经济发展方式提供了一次绝好的机遇，与航空物流产业对接，挖掘河南各地商埠历史，重启地缘商贸、商务产业，提升内陆路域经济，促进高成长服务业大省建设，是我们当前实施和落实粮食核心区、中原经济区、郑州航空港经济综合实验区三大战略任务的一项重要内容，也是河南省委、省政府当前和"十二五"时期的一项中心工作。

（一）打造现代综合交通枢纽和物流中心，实现河南服务业发展的历史性跨越

纵观河南经济社会的发展，由于河南地处中原，连南贯北，承东启西的优越地理位置，使得河南人从古至今都利用了这一独特条件，从事着商贸聚散、商务服务活动，抑或说，农业大省、人口大省，一直走的就是商贸、商务带动的生存与发展之路，也正是商贸、商务服务业带动了河南经济社会的发展，推动着中原文化的进步。从仰韶文化到龙山文化的新石器时代，从秦汉、魏晋南北朝到隋唐、五代、宋、金、元、明、清，从近代到现代，无不显示出河南商贸、商务服务业在经济社会中的地位和作用。东汉洛阳，时为全国最大的城市，就是因为"船车贾贩，周于四方"的商贸、商务服务业的活跃。有史学家考证，公元前114年至公元127年间，中国与中亚、印度间以丝绸贸易为媒介的"丝绸之路"便是起步于洛阳。北宋开封因水路交通便利，使"天下富商大贾所聚"，"竭五都之滚富，备九州之货贿"，仅"元丰八年，东京关税达五十五万贯，雄踞全国第一"。

近代郑州，更由于京广、陇海两线交汇，天津、青岛、济南、上海、汉口等各地的中外厂商云集，各类商品集束，商务服务繁忙，1922年即被官方命名为对外开放商埠，郑州也因此不断发展扩张，并带动沿线各地商贸和商务服务业的兴起。郑州的"商城"大名，既含有商贸城的本意，也包括商务流通的内容。从改革开放后的20世纪90年代起，郑州也曾被称为"商贸城"，但此后似乎并没有叫起来，个中缘由就是人们认为郑州不能只是做一个商品的集散地、大卖场，而是要考虑怎么样能够进一步挖掘郑州的地理区位价值效应，在不断提升传统商贸活动的规模经济效益的同时，发展商贸物流、商务服务业，开辟新的经济动力源。但应该说郑州的商贸物流、商务服务业在郑州航空港经济综合实验区建设之前，一直仍处于传统的、产业低级化的状态。郑州航空港经济综合实验区，特别是打造现代综合交通枢纽和物流中心，为郑州从古商城、商贸城迈进国际航空货运枢纽、大物流中心，全面提升郑州作为河南省省会的首位度，郑州商贸流通、商务服务产业的高级化发展，提供了新的机遇、新的动能、新的追求。也使得郑州人有可能真正地实现发掘、释放、利用好地理区位价值及其效应，但现在的大枢纽、大物流、大产业发展，已经绝不仅仅是郑州经济社会转型受益了，而是亦如郭庚茂讲的，"按照目前的态势走下去，航空港实验区建设，有可能成为河南走向振兴和崛起的关键支撑点。推进航空港实验区建设，大有可为，意义深远。这件事情做好了，不仅会大大提升郑州的地位，使郑州成为一个国际化城市，也会大大提升河南的地位，加快河南现代化进程，而且对国家促进中部地区崛起、促进区域协调发展也将起到积极作用"。

(二) 打造现代综合交通枢纽和物流中心，加快推进高成长服务业大省建设

郑州航空港经济综合实验区的建设，不仅使郑州成为世界的又一个航空大都市，而且奠定和拉高了河南高成长服务业大省建设的基础与层级。郭庚茂在郑州航空港经济综合实验区调研时，语重心长地说，"建设现代交通大枢纽是基础，是起点，是为了形成大物流。形成大物流是为了带动大产业。集聚产业是为了建设大都市，带动城市群。最终是为了兴中原，带动全省发展"。正是基于这一思想，郭庚茂强调一定要认识到"打造现代综合交通枢纽和物流中心具有深远的战略意义"，一定"要抓住机遇，争分夺秒，拼尽全力"，"决不能在关键环节上掉链子，更不能掉了链子还不知道而造成不可挽回的损失"。根据郭庚茂的调研分析认为，当前郑州航空港经济综合实验区主要应围绕打造现代综合交通枢纽和物流中心，做好"机、公、铁三网"联动建设，加大郑州航空港经济综合实验区及其打造现代综合交通枢纽和物流中心的宣传推介力度，积极吸引外界到港区参观考察，以商招商，形成对全省带动的示范效应。

（1）做好"机、公、铁三网"联动建设。就是要按照航空港区规划，把机场、公路、铁路路网建设，作为郑州航空港经济综合实验区建设的基础和起点，尤其是要针对货运承载能力不足的问题，加快机场二期建设，完善口岸和通关条件，加快国家发改委同意、并纳入国家规划的"米"字形快速铁路网建设，做好郑欧国际班列运行，以及用公路代替支线航空的相应公路网建设。

（2）加大宣传推介力度。就是要以各种方式或渠道，借助各种媒体或平台，加大郑州航空港经济综合实验区及其打造现代综合交通枢纽和物流中心的宣传推介力度，让国内外社会各界认识、熟知郑州航空港经济综合实验区，让国内外投资财团、企业领袖、生产厂家、物流与电子商务大佬等，走进郑州航空港经济综合实验区，看好郑州现代综合交通枢纽和物流中心，融入郑州航空港经济综合实验区，一起建设郑州航空港经济综合实验区。

（3）以商招商，形成对全省的带动效应。省长谢伏瞻在郑州航空港经济综合实验区调研时指出，"招商引资的速度和质量决定着实验区建设发展的速度和质量，招商引资的成败决定着实验区建设的成败，实验区要形成规模，扩大实力，招商引资起着关键作用"。"一定要抓住当前承接产业转移的重大机遇，加大项目引进和建设力度，夯实实验区发展的产业基础"。谢伏瞻强调，要瞄准那些高端的、标志性的、有实力的大项目大企业，突出招大引强；注重产业链招商、集群招商、以商招商、中介招商、专业团队招商等，创新招商方式；拉近智能手机、生物医药、航空制造、现代物流等行业龙头企业，追求入驻产业的层次与品牌；同时优化招商的软硬环境，增强对企业的吸引力。

郑州航空港经济综合实验区建设的目的是为了打造枢纽，形成大物流、大产业，带动全省经济的跨越，并以期实现"建设先进制造业大省、高成长服务业大省、现代农业大省"的"三个大省"的预期目标，其历史的、现实的、重大的意义是不言而喻的。物流产业作为商务服务业的重要内容组成，一方面关联着各个产业链内部、产业链之间的运动序效性；另一方面体现着商贸、商务服务业的素能与现代化水平。物流产业从交通运输的生产劳动性特点看，属于创造经济社会财富的国民经济的重要行业；物流产业从商贸经济、商务服务业的视角看，既有生产劳动的特性，又有非生产劳动的特性，也属于创造经济社会价值的国民经济的重要行业。所以，任何国家和地区都非常关注、重视物流产业的运行发展，物流产业在整个国民经济和产业体系中已经越来越居于突出的地位。河南发挥优势，扬长避短，立足区位和交通，战略谋划，务实运作现代综合交通枢纽和物流中心建设与河南现代服务业大省建设的融合互动，不仅刷新和创造着新的"郑州速度"和中原崛起的新的篇章，也日益显示出河南省委、省政府决策高层的智慧灵性和担当精神，使人们越来越相信"富强河南、文明河南、平安河南、美丽河南"，正在一步一步地从理想变为现实，从蓝图变为现实。

（三）打造现代综合交通枢纽和物流中心，增强对全省的发展影响与产业带动

郑州航空港经济综合实验区的建设，使河南的区位和交通优势发展到了一个高峰期，在国家新一轮的发展中保持了一个良好的态势，特别是对全省经济社会发展的带动影响及其效应，是难以估量的。因此，河南省委、省政府不仅把建设实验区作为全省的一号工程，而且要求全省各地都要在调整经济结构、转变经济发展方式过程中，按照郭庚茂同志"建设大枢纽、发展大物流、培育大产业、塑造大都市"的总体思路，打好"大招商、大建设、大提升"三大战役，从思想上高度重视，从实践上开拓进取。

郑州航空港经济综合实验区建设对全省的影响，既有带动性，也有互动性。带动性是说郑州航空港经济综合实验区建设的意义不在于它本身的建设，而是它对全省的带动性、示范性；互动性是说郑州航空港经济综合实验区的影响是客观的，各地区、地方政府和企业有没有受动性、能动性、涌动性，从而主动融入郑州航空港经济综合实验区，以便在郑州航空港经济综合实验区建设，特别是逐步形成的现代综合交通枢纽、国际航空货运枢纽、航空物流产业发展中梳理出自己的站位，顺应大趋势，切入高起点，提升自己的产业级次。

应该指出的是，我们对郑州航空港经济综合实验区建设的认识是逐步深化的。以笔者之见，置身于"家门口的"郑州航空港经济综合实验区对我省的各类物流产业园区、物流企业，包括市县正在建设中的 176 个商务中心区、特色商业区建设，都会产生出一种正能量的影

响。现在的问题是，一定要抓住这个机遇，解放思想、更新观念、转变思路，尤其是与航空货运、物流产业相关的部门、行业、企业，以及各地政府，都应积极地以郑州航空港经济综合实验区为坐标，超脱出原有的小流域、小物流、小规模、小"富足"局限，链接、融入航空物流产业链，接续、中转进入郑州航空港经济综合实验区，经营航空物流、郑欧班列运营业务。一是发挥各自地理、资本、载体优势，做足做好物流产业大文章；二是积极、主动、创造性地利用和延伸现有经营渠道，开发、承接更多航空物流业务；三是加快自身物流运营设施更新改造，顺应航空物流产业发展需求，争做航空物流产业链环上的重要节点，迈进现代物流服务业方阵行列，为建设高成长服务业大省作贡献。

各地政府应进一步认识郑州航空港经济综合实验区以及航空物流产业发展的大势、气势、态势，研讨并拟定相应规划，分类指导，全面部署，把谋划本地区发展与河南省委、省政府的战略指向结合起来，以郑州航空港经济综合实验区以及航空物流产业发展带动本地区的发展，以本地区的发展支持、助推郑州航空港经济综合实验区以及航空物流产业发展。

（1）以航空物流产业为导向，全面整合、重组、提升河南省物流产业。河南省目前无论是已经形成的物流园区，还是物流企业，总体上说，都存在着规模和营运能力小、运载设施落后、辐射地域狭窄、范围品种有限、经营管理混乱、量本利倒置等突出问题，大型的、现代的、与国际物流接轨的几乎没有，实际上长期处于小生产、小农经济的状态，和整个河南经济，特别是和河南省委、省政府提出的"三个大省"建设极不适应。因此，在郑州航空港经济综合实验区建设以及航空物流产业快速发展之际，必须抓住机遇，改善这一落后被动现状，以航空物流产业为导向，全面整合、重组、提升我省物流产业，使物流产业在河南振兴、中原崛起、富民强省进程中发挥出更大的产业优势和骨干作用。

（2）以航空物流、跨境电子商务产业为导向，提升市县（区）商业、商务服务产业内容层级。这两年，河南省在推进以产业集聚区建设的"一个载体三个体系"过程的同时，相继建设了176个商务中心区和特色商业区，这对于改善城市商业、商务流通结构，提升商业和商务运营效益，建设服务业大省起到了重要的支撑作用。随着郑州航空港经济综合实验区以及航空物流产业发展，为商务中心区、特色商业区建设的规划、深化，提供了崭新的发展条件，有可能使商务中心区、特色商业区依据郑州航空港经济综合实验区以及航空物流产业发展，放大、延伸原有功能定位和地域局限，积极围绕郑州航空港经济综合实验区以及航空物流产业、跨境贸易电子商务发展做相应文章，吸引、承受更多、更远、更大、更高级的商务服务业务内容，活跃、拉动和提升县域商业、商务服务业经济上台阶、上水平。

（3）以航空物流产业为导向，促进路桥工程企业转型升级，开辟路域经济新的增长极。以航空物流产业带动河南省路域经济，也是各地政府、各相关企业应予以关注和探讨的。路域经济主要是以航空、铁路、公路、水路、管道等形成的带有行业特点，由行业企业自身自主开发、自主经营的，以路为载体的相应经济活动。河南省的路域网络和通行能力在全国位居前列，但是，路域经济的创造者及其对路域经济资源的开发利用则显得被动无力。随着航空物流的兴起，必将改变人们的路域经济思维，去探讨路域经济体（路桥工程公司等）的转型和利用已有的路域经济资源，探寻新的经济增长点。路域经济从微观企业看，是根据国家路网建设规划，又好又快地形成优异的通行能力，获得应有的经济效益和社会效益。从宏观社会看，是转变观念，既要成路，更要使路网充分负荷，发挥好路域的边际经济效益和溢出效益。也就是说，要不断地增强和提升修路的价值和使用价值；既要注意修好路，也要注意用好路，让每一条路都能够派上用场，并研讨如何切入和链接相关产业经营，包括组建自己的物流企业，从而打通交通与运输、修路与用路、路网与物流的关系，认真研究如何利用路的优势、产业的潜力与航空物流产业对接，走路域经济与物流经济互动发展的路子，创造路域经济新的增长极。

（2014 年 4 月 4 日　原载《学者之见》2014 年第 8 期）

二十五、从山西煤炭大亨申请法院重整想到的

2013年冬至2014年春，山西煤炭大亨邢利斌的山西联盛能源（集团）有限公司向人民法院申请重整一事在业界传得沸沸扬扬。此事之所以引起人们关注，一是因为一直比较低调的邢利斌于2012年3月27日在海南省三亚市的丽思卡尔顿酒店为女儿举办大型婚礼，请演艺界大牌明星开演唱会，花费7000万元，被媒体曝光，名扬天下；二是邢利斌及他的联盛公司因无力还债，不得不将企业甩给人民法院申请重整，从昔日的"不差钱"到很差钱，从"富翁"到"负翁"；三是从2013年11月29日联盛提出申请重整至今，留给各方提交草案的时间最多只有半年（《破产法》规定，债务人或者管理人应当自法院裁定债务人重整之日起6个月内，提交重整计划草案。有正当理由的，法院可以裁定延期3个月），如果届时仍未确定方案，法院即裁定终止重整程序，并宣告债务人破产。邢利斌与他的联盛公司含辛茹苦打拼十几年，成就了如今的"联盛帝国"，实为不易，我们期盼着能够重整成功，峰回路转。但是，邢利斌和他的联盛公司的发展历程也使我们想到了很多，特别是他自认为是一个资本运作的高手却发生了资金链的断裂，从理论到实践都是需要我们认真总结汲取的。

（一）坚持在做大做强主业的基础上，顺势而为，稳健扩张

企业的趋利性往往刺激企业扩张的冲动性，特别是当企业有了一定的资本积累，也出了名，有了较好的公众形象和社会评价的时候，

这种冲动性表现得更加突出，甚至不顾一切。外界的一致看法是，邢利斌的联盛公司出现资金链断裂，除了国家宏观经济政策、企业外部环境因素外，扩张太快、步子太大、扩张成本太高是其基本症结。邢利斌在接受媒体采访时坦承，"假如我不搞农业、教育和其他这些，在山西应该是我做得最好"。他还说，"联盛的主业是好的，能源板块的资产非常优质，只是教育、农业、房地产等都在母体中，加大了企业的财务成本"。是啊，回想邢利斌从10元起家，花白菜价买了个很有潜质的国企煤矿，到以参股、并购、租售等方式将山西柳林地区几乎一半的煤矿囊为旗下，本来就需要筹集大量资金去谋划重组后的企业提升、创新发展，但却将这些以技术嫁接、更新改造项目名义争取到的政府支持资金、金融专项信贷资金用到了非主业的扩张上，结果是主业和非主业都遭遇了滑铁卢，都因为资金供应不足而全线崩溃。

从邢利斌和他的联盛公司，不禁使人想起了高风来和洛阳春都。也许今天的人们早已淡忘了高风来和洛阳春都，但是请不要忘记我们今天餐桌上的火腿肠正是源发于高风来和洛阳春都，遗憾的是曾经被称为中国食品第一品牌和著名企业家的洛阳春都和高风来已经风光不再。山西和河南毗邻，一个煤企、一个食品，无论从哪个角度可能都无法直接做一比较，然而两家企业的结局却是相似的，即都是因为过快过大的扩张，都是因为资金链的断裂导致破败。当年的高风来也是到处并购、到处投资，由于盲目冲动，不仅严重地分散和影响了主业发展对资金的需求，而且由于资金难以到位及整体资本运作的不力，许多进入春都的企业运行停滞、亏赔、倒闭，最终拖垮了主业，累死了主人，随着一代明星企业家高风来的离世，洛阳春都这个昔日的明星企业也随之一蹶不振，甚至从国人眼里消失。

从邢利斌和他的联盛公司还想到了商丘的福源集团。应该说这是一个名不见经传的小企业，但它在中国国企改革的道路上迈步最早，影响也不小。福源集团原本也是一家国有肉联厂，千名企业职工多为当年淮海战役留下的功臣，到 20 世纪 90 年代初，已经濒临破产倒闭，地方当局为了保住职工的饭碗，"死马当活马医"，在国内外专家学者的策划下，1993 年召开了全国第一次、第一个"国有企业改革发展国际研讨会"，以此为契机，福源集团在国内国有企业中第一次、第一个实施了职工身份的转换及所有制结构的重组，企业改制大大调动了职工的积极性，整个企业发展势头非常可观。可是，好景不长，企业高层就开始了扩张冲动，要把几个乡镇收编过来建中国第一个大型农业综合体，同时触角还伸向其他领域进行投资、并购，结果主业和非主业本末倒置，扩张所需要的资金供应不上，资金链断裂，使得一个原本很有希望的企业从此陷入被动瘫痪境地。

企业做大做强是无可厚非的，关键是这里的"做大做强"是就主业而言的，讲的是内涵式再生产，指的是产业高级化程度——企业的高新技术应用与规模经济及其创新发展。正是这一企业发展理念的模糊性，造成了企业经营的误区，甚至好多年以来，一些企业为了所谓的大、强，或是"超百亿"、"超千亿"，南拉北扯、东拼西凑，表现出来的也是一种盲目的、脱离了客观实际的主观意志的扩张，极大地干扰了主业的发展，还肆意冲击了金融业的运行秩序。

（二）始终保持银企之间的规范、透明、彼此托底负责任的关系

2013 年 11 月 29 日，当地法院受理了邢利斌的山西联盛能源（集团）有限公司及其下属公司等 12 家企业的重整申请。法院公布的数据显示，目前联盛集团财务状况堪忧，资金负债 300 亿元，已基本失去债务清偿能力，且面临欠缴税款、工程款、材料设备款，以及职工养老保险金等多项财务问题，其中，与联盛集团有担保关系的民营企业 10 多家，所欠信贷资金规模超过了 200 亿元。联盛宣布重整后，让债权金融机构和企业措手不及，因此陷入贷款本息难收回，信托到期难兑付的沼泽地里。为了摆脱窘境，包括国家开发银行在

内的 14 家金融机构联名向山西省委、省政府"紧急报告"，请其出面协调联盛重整事宜。

　　企业的资金链断裂不仅使企业面临破产危机，更使提供企业资金的金融业陷入亏赔风险。据媒体报道，邢利斌的借贷资金主要来源于银行、信托、企业三个渠道，这些放贷者，有的是较早就介入联盛资金的运作，有的则是跟风刚刚"挤进去"的，而无论早晚，现在都成了热锅上的蚂蚁。那么，为什么这么多金融大佬们如此投入呢？无非是联盛公司是一家能源企业，也是国家产业政策倾斜和支持发展的产业，金融单位给其贷款无可厚非，但是发生和面对这一困惑，金融业自身就没有什么值得反思的吗？很明显，给联盛公司的贷款本来是支持企业能源产品的生产销售的，但它并没有把借贷的大部分资金用于能源这个主业上面，包括联盛公司以主业技术研发、更新改造名义获批的各类各种项目贷款，实际上大部分都没有真正用于规定的项目用途，然而我们的金融家们依然一年一年地给其放贷，这种只注重放贷，忽略用贷的现象，恐怕是导致企业从资金膨胀到资金断裂问题的又一症结，反映出金融、信托单位对信贷资金的日常运营情况跟踪分析和职能监督的缺乏。改革开放发展到今天这个时代，虽然对企业不能还是那么机械地要求打酱油的钱不能买醋，但是一定要认真地研究资金用途变更的合理性以及安全性。从现在看来，邢利斌拿着主业发展信贷资金转投农业、教育、房地产、建材，或者以其品牌效应得到的非主营业务贷款的运用，银行和信托单位都没有很好地实施监督，事情发展到这一步，的确是需要自我反省的。

　　产业资本与金融资本之间本来是一种良性的合作互动关系，但是不知道从什么时候起，却产生出一股庸俗的铜臭气，金融资本看产业资本以品牌价值为转移，产业资本为了牟取金融资本而就品牌造品牌。一些品牌已经掺了水分，并没有多少含金量，因为现在社会上专门有人做品牌这件事儿，只要肯掏钱，国字号的牌匾要多少有多少，行业排名第一、地区排名第一，甚至还可以排名世界多少强之前茅。笔者并没有根据指责联盛公司这样做，但目前这一现象确实存在，必须引起金融业的重视，既要看品牌，也要注重实际，否则金融风险就会随之而来。联盛公司树大招风，一些银行和信托单位应该说也是随风刮进来的，不能不说是一个教训。

如上所述，联盛公司风波既是联盛公司自己经营过程中出了问题，自己酿造的苦果当然由自己把它吞下去，而这里面金融、信托单位也有不可推卸的责任，明知道贷款转了向，还是一味给它贷款，推波助澜，想一想难道不是吗？国有银行、信贷单位也好，股份制银行、信贷单位也好，任何时间都应把规避风险放在第一位，不然也会因此而破产。社会主义市场经济体制运行，各类各种银行、信托单位，其实原本也是一个存钱放钱挣钱、赚取存贷利差的企业，银行、信贷单位也会破产，尤其是经济危机时期。1929年的那场资本主义大危机的爆发，美国有9000家银行倒闭。2013年底，中国银监会的官员曾明确表示，银监会正在酝酿加快银行破产条例的出台，这是银行和信托单位应该注意的一个动向。

(三) 企业应坚持民主决策、团队决策、科学决策，反对一言堂

企业是一个营利性的组织，企业家就是一个"玩钱"的人，所谓企业风险，就是说企业家在资本游戏、在玩钱的过程中面临或发生的风险。比如，一个人有100万元，一年下来只剩1万元了，这就是把钱玩儿完了，这叫不会玩儿；相反，另一个人有100万元，一年下来变成了200万元，玩儿转了，玩儿赢了，这叫会玩儿。有没有风险，其实就在于会玩儿不会玩儿。什么叫会玩儿？内核的东西全在于有没有，抑或说能不能做出一个科学的决策。具体说来，一是看能不能按照产业组织运行规律，按照资本运作规律，按照经济社会发展规律办事，用通俗的话叫有没有一个科学发展观。二是看这个决策是否经过

了充分的、反复的论证，特别是关乎企业战略层面的大动作，绝不能一个人说了算，一定要经过集体的酝酿讨论，甚至借助一些智库的力量，做出理性的研判和抉择。大凡几十年、上百年历史的成功企业的要义就是做到了民主决策、团队决策、科学决策。一般企业之所以逃脱不了6~8年生命周期的厄运，本质上都是一个决策失误的问题。尽管是在我国社会主义初级阶段，很多企业实际上都有着很好的基础条件，却由于家族式、一言堂，严重地阻碍了企业经营的可持续性，看着那些夭折的企业，实在是令人痛惜。

邢利斌很实在，他在与媒体交流中也为他的企业走到今天这一步而叹息。这位曾经的山西首富，山西最大的民营企业老板，表现出某些纠结，他一方面对于法院重整联盛公司，不甘心、不服气，那毕竟是自己倾注了十几年的心血发展起来的，这种对企业的情与爱是怎么也割舍不掉的；另一方面又对自己过去的经营方式流露出阵阵懊悔，他说，十几年来，从一开始的小规模到现在的大规模，从无名小微企业到成名大型企业，"企业所有的事情基本上都是我一个人说了算"。正是一个人说了算，他没有把有限的资金集中用于主导产业的再造重组、转型升级，导致资金分散，降低了资金效应，使得主业与非主业都因为资金问题而搁浅。"一个人说了算"，追根溯源是一种狭隘的小农意识、小生产思想作祟，自认为我的企业我做主，忘记了当企业发展到一定规模，特别是与经济社会的各部门、各单位、各环节之间形成密切联系，即进入社会化大生产的时候，企业，无论是国企还是私企，都已经不是原来的企业了，就不能只是对自己负责任，更要对别人负责任，既要承担起经济责任，还要承担起社会责任，否则就会对别人、对经济社会造成伤害。联盛公司资金链的断裂，不仅使联盛公司陷入破产边缘，更给银行、信托和相关过去对它给予了重大支持的企业都带来了危机，也使过去一直看好它、支持它的政府陷入了尴尬窘境。从表象上看，联盛公司的问题出在盲目投资，干了不该干的活，实际上，最根本的还是一个决策失误的问题。回顾和反思联盛公司走向申请法院重整，邢利斌只说了一句话，"90%是个人原因，决策失误"。就这一句话，足以引起企业界的领袖们思考。

《南方周末》2014年2月13日发表的《从"煤炭大亨"到"金融炸弹"》一文的编者按这样写道：不过短短几年，山西煤老板和金融机构们就从蜜月走到了剑拔弩张的境地，联盛集团的故事，便是其中的典型缩影……只有10元的资本，却要做100元的事。邢利斌曾自诩为产业的整合者，却被飞速膨胀的产业拖入深渊；他醉心于玩弄资本的技巧，却陷入资本的玩弄之中。眼下，当恐慌与萧条联袂而来，昔日的吞噬者面临着被吞噬的危险。更严重的是，联盛还绑架了三十余家金融机构和几十家当地的民营企业，仿佛一颗颗随时引爆的金融炸弹，一场区域性金融危机正在酝酿……

（2014年2月28日　原载《学者之见》2014年第5期）

二十六、呵护民营企业家，政府 应敢担当、敢作为

——也说山西"海鑫"李兆会现象

据最近的媒体报道，继 7000 万元嫁女煤老板邢利斌破产崩盘后，山西最大的民营钢企——海鑫钢铁集团再度爆发危机，出现了贷款逾期超过 30 亿元之巨，目前亏损严重，多座高炉都已停产，工人工资也拖欠了好几个月。2014 年 3 月上旬，一则"山西某钢厂因资金链断裂而停产，江苏钢厂收到银行口头通知称信贷将缩减 20%"的消息在圈内流传，当日，铁矿石、煤炭、焦炭期货黑色金属产业链上的三大品种齐齐跌停，而"山西某钢厂"指的正是海鑫钢铁集团。

（一）海鑫钢铁集团概述

海鑫钢铁集团位于山西省运城市闻喜县东镇，创立于 1987 年，是一家以钢铁为主业，集资源、金融、地产、儿童教育等产业为一体的大型企业集团。具备 560 万吨铁、600 万吨钢、260 万吨建材、260 万吨板坯、220 万吨热轧板卷的产能，是山西省最大的民营钢铁企业。《现代快报》的文章称，海鑫钢铁集团系李氏家族企业，多次被"胡润富豪榜"评为山西首富，海鑫集团现任掌门人李兆会，也数次入选"最年轻的内地富豪"。2010 年 3 月，在《福布斯》全球 10 位最年轻的亿万富翁中，李兆会排名第九。海鑫一家企业为所在的闻喜县贡献的财政收入占到六成多，用当地一句俗话来说，"县政府每天有两顿饭是海鑫管的"。然而，现在正面临逾期贷款的难题，甚至遭遇银行上门讨

债、关门倒闭的舆论旋涡。有关内部人士透露，海鑫钢铁这几年陆续出现拖欠工人工资的事情，工资延发 3 个月左右已经成为一种常态。由于李兆会对钢厂生意不感兴趣，"主要是在玩金融，把资金抽出来做别的，钢厂方面的资金主要是靠'拆东墙补西墙'来操作，所以经常拖欠工人工资，老板本人常年不在钢厂内办公"，"这两年因为打了款不发货，很多贸易商都不愿意和他合作"。

海鑫内部员工将李兆会称为"小老板"或者"小董事长"，这个称呼常常让他们想到老董事长李海仓。"如果老董事长还在，海鑫不会是现在这个样子。"面对记者，几位海鑫钢铁的员工都流露出了一丝落寞。"海鑫一直在吃老本"，一位海鑫的员工表示。2003 年李兆会接手海鑫集团，但他似乎并没有对钢铁生意表现出特别的兴趣。10 年来，在维持钢铁家业的同时，他转身来到北京做起了投资客。李兆会很低调，但这几年还是不可避免地成为外界津津乐道的对象，一是海鑫钢铁集团创业人、老董事长李海仓于 2003 年在办公室被人刺杀身亡，李兆会终止澳大利亚学业回国接班，时年 22 岁；二是李兆会迎娶了著名影视演员王丽云女儿、华谊女星车晓，又在两年后离婚（媒体称李为这段婚姻付出了 3 亿元的代价）；三是违规套现山西证券股份。从而将这位曾经最年轻的"胡润富豪榜"推向公众视野和风口浪尖。

（二）海鑫钢铁陷入困境和危机的业内外评论

业内外普遍认为，海鑫钢铁陷入困境和危机缘由之一，是李兆会尽管掌控着山西最大的民营钢企，但其并非是一个名副其实的实业家。因为，"这家钢厂以前有成为头号民营钢厂的底气"，其产量在国内民营钢企中排名前列，"在上海都能看到他家的货，并且当时山西还没有晋钢和长治这些钢厂，发展环境很好"，"但是李兆会接手后，2003~2008 年的钢厂大投资时期，这家钢厂没有投资更换设备，产能逐渐落后，现在用的都是一些老设备老生产线"。尤其是李海仓生前将海鑫产品瞄向高端定位，而如今的海鑫，产值虽然翻了番，产品定位并不明朗。

10年时间，海鑫的钢铁生意日渐没落，但在钢铁圈之外，李兆会却"玩"得风生水起。表现出李兆会"不爱实业爱投资"，2004年，李兆会便以海鑫实业名义，以每股3.7元，共5.9亿元接手民生银行1.6亿股，成为民生银行的第十大股东。2006年10月至2007年9月底，又分别买进兴业银行541.70万股、中国铝业541.47万股、益民集团297万股以及鲁能泰山（现为新能泰山）716.65万股。李兆会还入股过光大银行、大连银行、民生人寿、兴业证券、山西证券、银华基金等多家金融机构，但均无亮丽成绩，且大多数是快进快出。山西证券2012年年报显示，李兆会减持了山西证券5000多万股，截至2012年12月31日，不再持有公司股份。其中仅在2011年11月和2012年4月，李兆会就总计减持3000万股，套现超2.5亿元。而2012年初还出售11.8亿元银华基金股份，几个月内集中变现接近15亿元现金，当时这被外界认为是海鑫集团资金链告急，经营遇到了不小困难。此外，李兆会还分别在北京、上海建立投资平台——和嘉投资、惠宇投资以及上海海博鑫惠国际贸易有限公司。2013年，李兆会与大佬史玉柱合作，二人包揽了辽宁成大投入新疆宝明油页岩综合开发利用的18亿元定增项目。外界认为正是由于有合作关系，且曾同为民生银行股东，史玉柱才在微博中声援李兆会。

业内外普遍认为，海鑫钢铁陷入困境和危机缘由之二，是这个钢铁帝国的长期家族内斗以及李兆会的"离位"。李兆会接班前，海鑫钢铁当时主要由李兆会的"五叔"李天虎帮助李海仓打理。据知情人讲，虽然李兆会曾表示过不愿意当董事长，"给我五叔、六叔还是辛书记（辛存海），我都同意"，但实际上，他们的叔侄关系并不融洽。李兆会接任后，先是将创业元老、海鑫集团副董事长兼党委书记辛存海调离权力核心，接着，李兆会的五叔李天虎也被巧妙地"赶走"。随后，李兆会请来了自小与自己关系最近的六叔李文杰，很长时间内李文杰都是海鑫钢铁的实际掌舵人。2009 年之后，李文杰也逐渐从海鑫的管理层消失。李兆会的妹妹李兆霞控制了公司的财务大权，成为海鑫集团的实际控制人。但李兆霞目前已在上海结婚生子，回公司的时间很少，只在出现重大问题时才会露面。现时海鑫集团的创业元老陈金发虽然任职副总经理，但有知情人士称，海鑫钢铁常驻在公司内的负责人为一杨姓的年轻经理，其与李兆会私交甚厚。海鑫集团的核心管理层李文杰、李兆霞相继撤离，李兆会又醉心投资业务，曾经盛极一时的海鑫集团在闻喜的总部实际上已经变成了一个"空巢"。

业内外普遍认为，海鑫钢铁陷入困境和危机的缘由之三，是海归李兆会特性独立，很少与政府和行业组织打交道。有评论说，李兆会与父亲李海仓最大的不同，是在政商关系处理上风格的二致。李海仓是改革开放后第一代创业者，经历过从求村长到求镇长，再到求县长与求市长、求省长等不同阶段的艰辛，于是练就了一副八面玲珑而又不失谦卑的脾性，左右逢源却从不越界。而他的突然去世，不可避免地中断了李氏家族的人脉资源。更为重要的是，在山西这样一个非常注重人情世故的北方能源大省，李兆会不善于且很少主动维护与政府间的关系。山西省一位钢铁业内人士向记者回忆称，2007 年山西钢铁行业协会的一次会议上，时任协会会长的太钢董事长陈川平（后任山西省副省长）及其他副会长级的钢企负责人们在主席台上就坐，同为副会长的李兆会未能前来参加，由李文杰代为参加，按照游戏规则，李文杰只能在台下就座；2008 年，李文杰亦未出现，而是由海鑫一位副总经理代劳。闻喜县宣传部官员接受媒体采访时曾表示"我们县长曾经想拜访李兆会，最后都没有成行。李兆会自从接手海鑫以来每年露面的次数屈指可数"。因为"李兆会这几年来基本就是挂个名，他的兴趣根本不在钢铁上"。即使是海鑫钢铁所在地东镇川口村，该村村民和村委会主任提起来也是一脸漠然，"我们这几年基本没与海鑫打过交道"。更有人说，包括和父亲生前打交道较多的全国工商联和下属的中小冶金商会，李兆会也很少接触。李兆会常年驻扎上海、北京，而很少待在闻喜，他有专属的私人飞机，每次来闻喜县都将飞机降落在运城的机场，因此外人很难知道他的行踪。除了政商关系冷漠，海鑫钢铁与当地企业的关系也大不如前。有媒体报道，2005年之前，海鑫与山西三维、山西关铝股份等多家上市公司都关系密切，签订了互保协议，为对方的融资提供担保，但2005年之后就几乎没有了这种合作。

(三) 海鑫钢铁集团危机，政府也应该反思

海鑫钢铁出事儿了，除了上述业内外评述，是不是也要反思一下政府方面的因素呢？从现有资料看，李兆会应该说也是一个有思想作为和追求的人，特别是基于其留学背景影响，他很重视企业文化、人本管理，做了许多凝聚人心、调集群力的事情。如李兆会在担任集团董事长兼总经理以后，先后投入1200万元对员工进行培训，为海鑫2100名员工办理了养老、医疗和失业保险，先后投资7200万元为员工建设了13栋住宅楼、31座小别墅，拿出347万元重奖贡献突出的人才，一次奖励10辆"帕萨特"汽车，开创了全省乃至全国民营企业员工奖励的先河。值得指出的是，李兆会2003年接班，2004年便在资本市场上崭露头角，引起业界注目，尽管有父亲李海仓谱写的"过门"前奏，却也显示了李兆会的潜能。这一方面加剧了李兆会急挣钱、挣大钱、挣现钱、挣快钱的心理偏向，另一方面坚定了李兆会不爱实业而爱玩资本的心理定式，如果李兆会真的能够玩转资本市场，以进军资本市场促进海鑫钢铁转型，也并非就是件坏事儿。但问题是，他陷入实体经济和虚拟经济运作的顾此失彼。李兆会当然要负主要责任，尤其是作为一个小海龟，显示出有些水土不服。他太理想化了，他甚至不顾一切断裂了老父亲与地方政府、社会各界所建立的长期的亲密联系，从而失去了海鑫钢铁生命的土壤、水、空气供给。他似乎不

知道，今天的人们虽然昂头挺胸地迈步在现代化耀眼明光的大道上，但任何一个企业、一个人，如果不与地方政府和社区打成一片，他就很难迈开步，走好路。著名学者顾城最新研究考证，当年李自成失败并非"腐化变质，追求享乐"，而是没有注重与地方官僚地主的沟通联络。中国共产党之所以百年不衰、新中国之所以有 66 年飞跃，即使是世界经济危机来袭，却也呈现了"风景这边独好"（原世界银行副行长、首席经济学家林毅夫如是说），其实就是一个秘诀，我们从来都注重政府与群众、与社会各界保持一个良好的关系。

李兆会及其海鑫钢铁走到今天这个地步，实际上政府方面也应该有许多值得反思的地方。反思一，李兆会 22 岁接班即漂进资本云海，并抽资在北京、上海设立新投资平台，而无暇顾及原有的钢铁业，这期间，从村到镇、从县到市、从省行政到行业协会，为什么都看在眼里，急在心里，却没有认真地沟通交流，循序引导，"你不见我，我也懒得见你"，"你不理我，我也不想理你"，任其自由自为？反思二，李兆会担任海鑫钢铁公司董事长兼总经理十年间，不搞企业工艺技术更新改造，不配合环保部门进行污染治理，特别是当地银监机构发布对海鑫贷款警示等，似乎都没有引起相关各方的真正关注。直到 2014 年 3 月 7 日东窗事发，2014 年 3 月 11 日，闻喜县委书记才匆匆率队到海鑫调研，然而，恐怕什么动作也难以挽回这般败局。反思三，李兆会长期天马行空、独来独往，根本不与地方接触，不与行会来往，地方政府和行会也竟然熟视无睹，不理不睬，难道政府不怕因此下去而减少财政收入吗？有位冶金部的官员几年前就看出了海鑫的危机四伏，也曾想出面做些工作，但热脸对着个冷屁股，也就只能是发出一声叹息而了之，难道李兆会就是这么不可理喻吗？怎么就不可以与地方政府一起找李谈话警示呢？反思四，海鑫再大，其实也还是一个带有乡村烙印的企业，一直到现在，企业总部也好，生产基地也好，李兆会都没有把它迁移别地，这无论是从地方财政收入方面，还是安置就业方面，或是对农业的带动方面，政府都应该给予关注、关心、关爱，精心呵护，助推发展的。特别面对李兆会醉心于资本市场挣大钱的投机心理和其家族内部成员之间出现不和谐等现象，政府更应该主动地、直接地、间接地扶持他沿着已有基业传承、创新、发展，比如引导海鑫植入现代企业经营管理理念，健全提升经营管理团队和现代企业经营管理能力；引导海鑫引入大师级人物，辅佐企业的战略规划与决策；引导海鑫吸纳行业先进适用技术研发人才，组织政产学研联盟，积极开展技术创新活动；引导海鑫处理好企业与社区、企业与政府、企业与企业的社会交往关系等。如果是这样，海鑫钢铁肯定不会落得今天如此窘境。

（四）积极发挥政府作用，组建非国有资产管理委员会

大家现在都在学习研究习近平的思想，以笔者学习之体会，概括起来，也就是在当代中国，一方面要顺应潮流，不断改革创新发展；另一方面，做任何事情都要坚持实事求是，从国情特点出发。由海鑫钢铁的盛衰演变过程，我们也许应该就政府作为、政府与企业的关系问题，从思维观念和理论上进行一些再探讨。政府与企业的关系，从理念、政策、机制等诸方面我们进行了20多年的梳理，特别是中共十八届三中全会通过的《中共中央关于全面深化改革若干重大问题的决定》，更是作出了翔实的诠释，但是人们往往盯准的是"市场起决定性作用"，淡漠"更好发挥政府的作用"。这是因为过去政府管了不该管、管不好、也管不了的事情，压抑了企业的积极性、主动性、创造性，使社会主义经济失去了活力。所以从扩大企业自主权，到放开企业自主权，到承认企业市场主体地位、把企业推向市场成为无主管企业，到即将试水全面铺开的多元产权结构混合所有制企业发展，进行了一系列的改革，但是让企业走向市场，由市场决定资源配置，政府就完全置身度外了吗？恐怕还不可以。记得20世纪末，许多国有企业纷纷

从政府"婆婆"的怀抱里走出，想象着这一下天高任鸟飞，海阔凭鱼跃，可是一年后，有的还不到一年，一些企业便摘掉了"无主管企业"的牌子。若问这些企业是为什么？企业回答，过去有事儿了政府出面协调协调就搞定了，现在，没了婆婆，很多问题都要靠自己，而很多事情单靠企业自身是根本无法和无力解决的。国企是这样，民营也不例外。比如海鑫钢铁 2014 年 3 月出现了贷款逾期、资金链断裂，李兆会的妹妹李兆霞第一个找的就是当地政府，希望政府出面帮助协调解困。所以，政府与企业的关系既要坚持政企分开的大方向，搞好政府职能定位，同时，也要注意到企业在现时背景条件下对政府的一定依赖和需求，为企业健康成长创造条件，积极作为；既要关注国有企业的建设发展，也要关注民营企业的建设发展。所谓一样的国民待遇，首先就是一视同仁，给国企和私企同样的关注、同样的看待、同样的护理。

由海鑫钢铁危机发生，不禁使笔者联想到另外一个思考很久的问题。现在国有企业的运营有国有资产管理委员会代表政府精心规划、指导，协调、规范，是不是也可以考虑按照党的十八届三中全会强调的"必须毫不动摇鼓励、支持、引导非公有制经济发展，激发非公有制经济活力和创造力"的精神，组建一个类似于国有资产管理委员会性质的代表政府履行一定职能的非国有资产管理委员会，来具体处理民营企业运行过程中、需要政府出面协调的问题，同时，也适应性地服务于民营企业进行战略定位、预测决策、规划编制，以及引导企业人力资源开发、人力资本投入、战略规划论证、产业政策学习、经济活动分析、高新技术嫁接等，使民营企业也有一个属于自己的家，有一个烦恼郁闷时能够倾诉、欢乐兴奋时能够说道的家。与此相伴，在非国有资产管理委员会组织指导下，构建由民营企业的一些资深领袖组成的民营企业资政委员会和由相关领域的一些资深专家学者组成的民营企业参议委员会，"三委"结合，专注民营企业的生老盛衰，探索和尝试走一条中国特色的社会主义市场经济体制条件下的。民营企业可持续发展的路子。"三委"互动，对民营企业跟踪调研、巡回指导、分类施策、排忧解难，像农业经济领域应邀或委派农业技术人员、专家组下乡，到田间地头指导帮助农民科学种田那样，引领民营企业朝向现代企业制度转变。"三委"的相应职能定位是规导、咨询、参议，而非指令、替代、干预，主要是针对目前民营企业需要务实扶持，避免那些潜力型企业运行中间因决策失误、经营不善、管理混乱等状态采取的一种组织措施，而民营企业的正常运营依然还是由企业按照市场法则自己自主行事。

尽管民营企业已经有了不少各种各样的协会、行会，但大多数都是形式重于内容，因为缺乏政府背景影响，并不能真正解决民营企业发展中的一些具体问题。正如大家都普遍认为的那样，中国的经济无论从主观还是客观上来看，都是政府推导型经济，没有政府的推力，国企、民企，任何企业的运行都会无力。这也是由我国作为发展中国家，政府必须要担负起推进国家走向工业化文明的责任，以及我国的社会底蕴、文化底蕴、民族底蕴、政治底蕴所决定的，人们依靠政府、信赖政府（即便有时对政府满腹牢骚），希望政府做主、政府解决问题，事实上体现着淳朴善良的中国人民的哲学定理，承认也好，不承认也好，实际上都是这样，这也是中国国情的一个重要的内容方面。

毋庸置疑，在一个封建主义延续几千年、资本主义几乎没有经历充分发展、社会主义尚处在初级阶段的发展中国家，要加快工业化、城镇化、农业现代化的进程，政府不仅要作为，还必须要积极作为；不仅要对国企施以调控指导，也要对民企进行适度引导，以规避民企偏离国家宏观目标、政策，包括制度、体制、机制等内外经营性风险。任何不作为、不负责，任何放任、放纵、放弃，都是有碍国家经济竞争力提升的。李兆会和他的海鑫钢铁集团发展到今天，说明了他们的实力与潜力、优势与特色，多么来之不易呀，然而却跌入了低谷，实在令人惋惜，除了他们自身的原因外，政府也完全应该认真反思研讨，为了不再出现海鑫第二、海鑫第三，该是采取果断组织措施的时候了。

（2014 年 3 月 31 日　原载《学者之见》2014 年第 7 期）

二十七、信阳经济的印象和思考

最近去信阳调研，看到、听到、议到的很多，但令我感慨的一是市委、市政府在全市强调了一个理念，即"关注工业、学习工业、研究工业、支持工业"；二是市委、市政府特邀了京城、省城相关专家看信阳工业，评信阳工业，为信阳工业把脉问诊。前者反映市委、市政府高级决策层发展工业、走新型工业化道路的意识与信念，后者表明市委、市政府高级决策层借力专家务实推进工业化发展采取的重要举措。

信阳，笔者的印象一直是一个有着悠久农业发展史的地方，尽管有着"江南北国"或"北国江南"美誉，但实际上它就是一个农区。在农区发展工业，以工兴农，走一条农区工业化的路子，是信阳人追求的一个梦，为了这个梦，信阳人拼搏奋进，在新中国社会主义的康庄大道上，取得了举世瞩目的成就。尤其是改革开放三十多年来，信阳人不仅依然承担起中原粮仓的大任，并且开始真正地圆着农区工业化的梦，从原始躬耕到生态农业，从原粮粗加工、精细加工到深度加工，从保持种植业优势到发展养殖业，再到拉长养殖业产业链条，农工贸一体化运行，绽放着信阳市域近两万平方公里、900万人的神奇与能量。而现在的信阳人已经不能满足一个农区工业化的现状了，要再跨越，要让信阳迈向真正工业化、新型工业化的新天地，变"农业信阳"为"工业信阳"的宏伟蓝图正在绘就，一个工业化理念意识的强化，一个借力专家碰撞思路的举措实施，恰是这一大转折、大定位、大统筹的集中体现。

区域经济的发展，和一个国家经济的发展一样，必须走工业化的路子。世界发达国家经济发展的实践一直在告诫着发展中国家和发展中地区，工业革命也好，新技术革命也好，本质上都是机器和机器体系的升级换代，都是国民经济工艺装备水平和效能的提高。即使是到了今天，连美国这样的工业大国、科技大国，也叫嚷着"再工业化"发展，高度重视和认真运作着新型工业化道路、创新和转变经济发展方式问题。信阳和整个河南经济的困惑一样，根本的症结是一个工业落后、工业制约问题。所以，我们一直在试图拉长工业短腿，突破工业"瓶颈"，变农业大省为工业大省，走一条不以牺牲粮食和农业、生态和环境为代价，实现工业化、城镇化、农业现代化"三化"协调科学发展的路子。现在的问题是顶层高端设计有了，并且已经被中央政府、全省人民所认可，关键则是如何把这些设计、规划、举措落到实处，特别是要研讨工业发展对整个经济的带动性。

信阳人重提工业发展，强调工业意识，既是基于国家对河南实施粮食核心区、中原经济区、郑州航空港经济综合试验区三大战略背景下的新形势、新要求，也是建立在对信阳经济社会发展的现实基础分析，所做出的一种战略抉择。调研中，信阳人说得好，信阳必须走工业化的路子，没有工业化，始终停留在农业经济，农业也不会有根本改变；一个长期处于农耕社会的地方，人民就无法享受到现代文明进步的成果。没有工业化，就没有真正的城镇化，也就谈不上农业转移人口市民化，谈不上破解城乡二元结构困局。没有工业化，就不可能有第三产业的发展基础和条件。这些话听起来很虚，但这是来自实践的真知。信阳，作为一个农区，这些年有了一些工业，如汽车部件、电子元件、制药等，但整体上看，其工业始终没有脱离一个"农"字，依然是一个典型的以农为本、顺势而为、自然逻辑发展起来的农业产业化、农区工业化的大农产业园区，学者们把这种趋向工业却又是以农业为主导和主体的生产叫作"1.5产业"。除了信阳浉河区、固始县、淮滨县等之外，从息县，到潢川，到光山；从面粉、馒头业，到茶叶，到世界鸭王、羽绒服装业；从种植业，到养殖业也就是粮食和农业经济作物的一般加工，整个产业链就是一个大农业加工业，还不能说算是真正意义上的工业。

信阳农区工业化发展，凸显了自己的区情和特色，也奠定了自己的潜质与优势。但是，农业加工业不等于工业，农区工业化不等于工业化。农区工业化只是农区经济发展的一个阶段、一种过渡，必然要走向大工业体系生产，走向现代工业化发展。正是这一经济运行的客观规定性，信阳市委、市政府高层决策者提出并强调了"关注工业，学习工业，研究工业，支持工业"的意识和理念。所谓关注工业，就是要看到目前工业对整个信阳经济的制约性，要寻思着如何来改变它；所谓学习工业，就是要看别人的工业是什么，别人发展了些什么工业，别人是如何发展工业的；所谓研究工业，就是要苦读一些工业经济理论书籍，研讨一下工业经济规律及其工业化的历史，谋划一个工业发展、新型工业化运行的战略目标和举措；所谓支持工业，就是要树立工业主导、以工业化支撑城镇化、农业现代化发展的理念，以全新的思维意识，动员全区人民超脱原有模式，全力支持和发展工业，真正实现工业兴区，"三化"协调，全面建成小康社会的目标。有人说，理念中还缺一个"发展工业"，其实，"四个理念"是一体的，拥有了这"四个理念"，发展工业也就自在其中了，信阳市委、市政府高层可谓煞费苦心了。

信阳人的观念变了，信阳人在追求着真正的工业化发展。然而，目前信阳的发展也是不容易的，既有原来工业基础差的因素，也有正值国内外经济不景气的影响，更有怎样科学谋划、找好恰当契合点的问题。有感于此，笔者有几点思考愿和大家进行交流。一是信阳人应认真品味信阳市委、市政府发展工业的理念，真正深化对工业的认识。重要的是千万别把工业概念混淆了。工业是国民经济社会发展的装备业，工业化是以先进科学技术为内容特征、实现工业制造的规模效应与带动效应，不断创新、升级的过程，标志着人类劳动、经济发展方式的演化。信阳既有提升改造现有"1.5产业"的重任，更有建立国民经济新的工业体系的要任。二是注重提升产业集聚区的载体平台作用和效应。一方面要坚持以战略支撑产业来构筑产业集聚区，寻求产业集聚区对区域经济的影响带动性；另一方面要积极吸引域外现代工业资本流入。产业集聚区绝不能仅仅停留在卖面粉、卖馒头、卖面条。卖面粉、卖馒头、卖面条与卖原粮没有什么差别，差别在于附加值的流失，让别人拿你的产品再加工赚大钱。显然，政府消耗大量人力、物力、财力，特别是土地资源建设产业集聚区，如果进入的都是一些低级产品生产企业，也就失去了初衷意义了。三是工业的发展要立意于现代视域。按照目前信阳区情和特点，一味追求发展国家层面的战略性新兴产业是不切实际的，但是，以战略性新兴产业为目标方向，利用区位优势和基础条件，切入高新起点也不算激进。市场法则、资本属性、企业动能，总是愿意把优等资源配置到最能发挥出效应的地方。四是以现代工业项目为"牛鼻子"，实施项目带动方略。即一方面注重招商中的现代工业项目的引进，另一方面建立政、产、学、研联盟，形成自己的研发体系和工业知识产权技术经济系统，这是将来信阳工业化的关键和立基之本，具有战略意义。要开放引进，要外部带动，更要立足自己、依靠自己。五是落足于建设现代工业化生态系统。就是要重视和加强工业生态化发展，实现工业发展、生态文明、环境优美的统一。信阳的领导近年来坚持再好的项目只要不环保、毁生态，就一律不要，这种对地方、对人民高度负责的精神值得称道。

区域经济学理论告诉我们，区域经济的发展，应该发挥优势，扬长避短。所以，信阳市的发展也不一定必须按照第一、第二、第三产业演进规律机械运行，但是，工业这个坎儿则必须要迈，朝向现代工业文明。长期津津乐道于"羚锐"制药、"华英"鸭王，或者某一个汽车零部件的生产，可能会使整个经济进入停滞期，"一叶障目，不见泰山"。因此，笔者很欣赏现在信阳市委、市政府强调工业、重造工业的意识和果敢，也相信信阳市委、市政府的这个战略决策是明智的，只要践行了"持续求进、务实发展、积极作为"的思想要求，就一定能够取得成功。

（2013 年 7 月 4 日　原载《学者之见》2013 年第 9 期）

二十八、关于《晋陕豫黄河金三角区域合作规划》的几点认识

　　2014 年 3 月 31 日国务院批复了《晋陕豫黄河金三角区域合作规划》。国家发改委认为，这是深入实施西部大开发战略和促进中部地区崛起战略的重大举措，对于探索省际交界地区合作发展新路径、推动我国欠发达地区加快发展、推进区域一体化进程具有重要意义，也必将极大地促进和实现晋陕豫黄河金三角地区经济社会持续健康发展。晋陕豫黄河金三角区域包括河南省三门峡市，山西省运城市、临汾市和陕西省渭南市，地处中西部结合带，具有承东启西、沟通南北的区位优势，矿产、农业、文化旅游资源丰富，产业发展基础良好，多年来尤其是近年来加快推进一体化发展，积累了丰富的区域合作经验。《晋陕豫黄河金三角区域合作规划》的批复，用杜祥宛院士的话说，申报获得批复是顶到了天，获批后的实施是连接到地，要研讨接地气的问题。也就是说，作为国家第一个批复的省际间交界区域合作规划的实施，尚有很多内容需要认真研讨，特别是一些观念认知。

（一）规划的指导思想：在合作中谋取发展，在发展中寻求合作

　　有人疑惑地说，国务院批复的是合作规划，与原来申报的协调发展规划是不一样的，我们究竟应该怎么认识？所以，还是要从"合作"说起。什么叫合作？如何合作？合作的期望值是共赢？能否达成共赢？决定了这个合作成功与否，特别是在目前的行政区划和建制背景下，来谈区域经济合作，恐怕有很多问题需要我们各市、县从各个方面去

研讨，才能把规划从纸上转化到地上，从提出合作到真正走向合作。

合作，是社会化大生产的产物，许多人聚集在一起共同劳动，就需要分工合作，任何一件产品的生产，都是分工合作的结晶，所以，合作是一种经济社会活动的常态。我们现在讲的合作，是指一定区域内或相应区域间经济社会事务的互助性——在合作中谋取发展，在发展中寻求合作，黄河金三角区域合作规划应该传递的是这个信息意境。一个国家或者一个地区，闭关锁国，老死不相往来，不讲合作，没有合作，就谈不上持续发展。但是，讲合作，并非事事处处都要讲合作、有合作，只是在某些设想和计划因空间的、资金的、技术的、资源的诸因素受困时，客观上产生出需求而合作。如我们黄河金三角区域的合作，首先应该是在发挥区域内各独立市县经济社会发展的积极性、主动性、创造性的基础上，在各方有客观需求，并且只有在满足彼此需求的时候，合作才能出现和实现。所以《晋陕豫黄河金三角区域合作规划》内容里讲发展的多，讲合作的少，这就是因为发展是主旋律，合作只是一种助推发展的手段。发展需要合作，这是加强区域间横向联系，建立黄河金三角合作发展区的本然初衷和基本预期，或者说，推进三省四市间的经济联系与合作，是《晋陕豫黄河金三角区域合作规划》的一个重要的指导思想，我们应该树立起这个意识。

需要指出的是，今天的合作，已非传统的、机械的分工合作认知了，而是与竞争相联系的，即合作主体之间既是合作的关系，也是竞争的关系，叫竞合关系。无论从理论上还是实践中看，其实，任何区域，不管地理空间大小，经济进取与跨越的冲动性在客观上就决定了它与毗邻区域间存在着的、必然的竞争性。而这种竞争有时又是可能采用合作的方式实现的。现代经济社会早已抛弃了"大鱼吃小鱼，小鱼吃虾米"式的竞争，昔日的对手往往变成今天的合作伙伴。经济发展过程中的不确定性因素越来越现实地使大家普遍认为只有在合作中才能一起获得一个平均收益。

显然，应正确全面认识合作，包括合作与发展、合作与竞争、合作与共赢。但是有一点则是不容纠结、不可混沌的，那就是，合作是一种发展需求，没有市县自己独立的、创造性的发展，就不会有什么市县之间的实质性合作，从这一视角看，《晋陕豫黄河金三角区域合作规划》，题目讲合作，内容说发展，也不是没有道理的，它不可能硬性地提出什么合作项目，只能落足到发展这个坐标和轴线上。黄河金三角区域之间的发展，要合作，但绝不是就合作而合作，还是要发挥各个地方的优势，走个性化发展的路子，在发展中寻求合作，在合作中实现发展。"三省四市"之间必须加紧沟通交流，研讨明晰规划实施中的焦点、难点、重点事宜，尽快让规划落地。

（二）规划的战略指向：释放更大经济能量，迈向新的跨越发展

规划，按时间内容划分，是指未来十年以上的远景谋略，具有预测性、前瞻性、指导性特征，理论上讲，它是一种总体性、长远性、根本性的谋划，是一种战略指向。因此，一些具体的，逐步要实施的，还应该有明细的相应的分规划，没有这些分规划（包括一些具体项目）的编制，很多内容就很难谈得上实施。比如说《黄河金三角区域合作规划》里谈到的"共建优势农产品加工基地"，谁来建？在哪儿建？如何建？再比如"合作发展装备制造业"，怎么合作？建构怎样的合作平台及其组织运行？还有"共建承接产业转移示范区"，怎么共建？怎么选址？等等，这都需要我们进一步来研讨，尤其是"三省四市"的地方官们去研讨。

毫无疑问，《黄河金三角区域合作发展规划》的申报与获批，笔者觉得它最大的意义也就在于使得这个区域的发展纳入国家关注和支持的层面，从而超脱出原有的经济能量局限，凭借着新批复的规划和政策指向，进入一个新的发展格局。所谓新的发展格局，本质上是一个在更大的范围空间和层次规模上来重组这个区域的产业经济的问题，

包括实施新规划发展的产业个性定位、产业结构布局、产业运营组织，以及产业效应评价等。

从黄河金三角区域"三省四市"的区情特点看，可以说都属于资源型城市，都存在着经济转型和在工业化、信息化、城镇化、农业现代化发展过程中重新洗牌、重组再造的问题，存在着产业资本、技术资本、金融资本、人力资本市场化运动的机遇契合问题，存在着如何在经济新常态背景下调结构、稳增长、大发展，经营好自己的城市的问题，否则我们就不会去横向联系，去期望协调与合作了。城市的发展，城市往哪儿发展？城市靠什么发展？事实上是一个经营问题，而城市经营的抓手说到底还是一个产业问题，所谓以产兴城、产城融合讲的就是这个道理。所以，黄河金三角区域内各市县重要的是应在规划指导下，做好、做实、做大、做强各自的产业，建构起自己的现代产业体系。这个产业体系的建构，必须是按照产业经济演化规律，发挥优势、扬长避短，既注重规划中的产业发展指向，又不能认为规划强调要合作而把自己手脚捆绑起来。按照国内外区域发展的实践经道，产业的发展既可以顺次沿着第一、第二、第三产业前行，也可以从第一产业跨越第二产业直接进入第三产业，也可以放大第一产业，发展"1.5产业"，走一条实在的农区工业化的路子；既可以依托原有工业基础，在推进工业产业高级化的过程中同时大力发展第三产业，也可以立基地理区位、交通优势，实施和形成商贸、商务产业带动整个区域经济发展的战略战术等。

（三）规划的实施方略：把各市县个性化发展同全域内普适性发展结合起来

怎样把规划落到实处，很重要的一点就是应该把《黄河金三角区域合作规划》实施和区域内各市县的规划衔接起来，既贯彻区域合作发展规划，又发挥各市县的积极性、主动性、创造性。比如，三门峡市委、市政府，近年来提出了大通关、大交通、大商贸、大旅游和高新产业"四大一高"的战略谋划，就是与金三角区域合作规划相联系的，也是有助于全面推进合作区域发展的。

第一，这个战略谋划凸显了《黄河金三角区域合作规划》的精神。黄河金三角规划精神是什么？就是发挥各自的比较优势，最大限度地创新区域合作机制，打破行政区划界限，探索省际交界地区合作发展的新途径和新模式。大通关也好，大交通也好，大商贸也好，大旅游也好，高新产业也好，实际上就是利用三门峡的地理区位优势、新的丝绸之路经济带节点优势、郑州航空港经济综合实验区大枢纽优势、紧邻洛阳大枢纽副中心优势，以及三门峡本身已经形成的大物流产业优势，在"三省四市"的一个产业经济定位，这是黄河金三角区域任何一个市县都不能相比的，得天独厚。如果再去争取郑欧班列运行在三门峡经停，成为郑欧班列在河南段的一个次枢纽，对于"三省四市"的发展带动，其前景和潜力必将是不可限量的。

第二，《黄河金三角区域合作发展规划》，三门峡"四大一高"战略思路，与河南省委、省政府近年来的战略谋划高度吻合。河南省委书记郭庚茂说，河南经济的命门是区位和交通，当然也包括三门峡市在内就应该树立这一观念。抓住了大通观、大交通、大物流、大旅游，不仅抓住了三门峡结构调整的"牛鼻子"，加快了三门峡改革与发展的突破和创新，对于整个金三角区域各市县的带动，也是不言而喻的，"四大一高"经济运行的放量，绝不会仅仅限于三门峡市。

第三，三门峡的工业化正在快速推进。重金属冶炼、重型汽车、建材业、林果业等，这些产业的高级化发展，必将为三门峡本土和相邻区域、商贸商务产业等生产性和生活性服务业的发展，提供实在的支撑和带动性，这一点也是不可否认的。同时，应该看到，三门峡的着力与河南省现在提出的"三个大省"建设，尤其是强调的高成长性服务业发展指向的吻合，使三门峡市更有一个全省域发展的极好环境氛围，非常有利于三门峡市，甚至整个黄河金三角区域的发展。更使人振奋的是，我们已经看到三门峡工业化的气势、态势、趋势，三门峡工业化程度的加速，这也是黄河金三角区域经济合作互动的基础与希望所在。

（2014 年 10 月 12 日　此文为笔者在"晋陕豫黄河金三角区域
协调合作发展河南（三门峡）战略"
院士专家智库沙龙活动的发言）

二十九、纳入与否不重要，重要的是融入和跟进

——关于"丝绸之路经济带"与河南的应对

"丝绸之路经济带"的构想和运作，引起了河南省学界、业界的高度关注，特别是 2013 年 12 月 14 日国家发改委和外交部召开的"推进丝绸之路经济带和海上丝绸之路建设座谈会"，由于没有河南省人士参加，我们更是受到刺激，感到不平衡，认为没有河南参加的丝绸之路经济带是不完整的。包括省内外专家学者几乎是一个认识——河南应该是丝绸之路经济带的一个重要节点，特别是郑州，不仅联系着东西大动脉，还北接华北、京津冀、东北地区，南通华中、华南珠三角经济圈，货源就是通过这个节点，流入欧亚大陆桥，通往中亚和欧洲的。无疑，这些思路想法无论从理论还是实践的角度看，都是很有道理的。问题是我们也应冷静地分析一下，为什么这次没有把河南列入？第一，提出丝绸之路经济带的立意是新一届党中央领导集体务实推进西部大开发的一个重大的战略举措，按照地域功能区划重组，分类指导发展的精神，实际上除了西部省份以外的任何省市都没有纳入（中部没有一个省份参加 2013 年 12 月 14 日国家发改委和外交部召开的"推进丝绸之路经济带和海上丝绸之路建设座谈会"）。第二，作为中央全面深化改革和扩大开放的顶层设计，新时期对外开放将尝试重启丝绸之路，包括陆地丝绸之路和海上丝绸之路，前者将着力带动西部，连接起中亚和欧洲；后者则着力提升东部，深化与发达国家的经济关系，很明显，中部应是一个积极融入和跟进的问题。第三，河南省目前已经同

时拥有国家三大战略实施规划，这是其他省区所没有的，因此，现在不是一味追求纳入哪个区的问题，而是要认真地贯彻和实施这些国家战略规划所给予的政策问题，尤其是应抓紧与中央机关和国家部委对接，研究具体如何开展先行先试，收获规划红利、政策红利、改革红利。当然，作为河南人，笔者并不反对我们纳入丝绸之路经济带，但笔者认为重要的不是纳入与否，而是关注、研讨丝绸之路经济带的建设发展，顺势而为，积极融入和跟进。

(一) 丝绸之路和丝绸之路经济带背景简述

新华网的资料称，19 世纪，德国地质地理学家李希霍芬在《中国》一书中，把"从公元前 114 年至公元 127 年间，中国与中亚、中国与印度间以丝绸贸易为媒介的这条西域交通道路"命名为"丝绸之路"，这一名词很快被学术界和大众所接受，并正式运用。其后，德国历史学家郝尔曼在 20 世纪初出版的《中国与叙利亚之间的古代丝绸之路》一书中，根据新发现的文物考古资料，进一步把丝绸之路延伸到地中海西岸和小亚细亚，确定了丝绸之路的基本内涵，即它是中国古代经过中亚通往南亚、西亚以及欧洲、北非的陆上贸易交往的通道。

史书记载，西汉汉武帝时张骞首次开拓丝绸之路，被称为"凿空之旅"。西汉末年，在匈奴的袭扰下，丝绸之路中断。公元 73 年，东汉时的班超又重新打通隔绝了 58 年的西域，并将这条路线首次打通延伸到了欧洲，到了罗马帝国。罗马帝国也首次顺着丝绸之路来到当时的东汉洛阳，成就了欧洲和中国的首次交往。丝绸之路不仅是古代亚欧互通有无的商贸大道，更是促进亚欧各国和中国的友好往来、沟通东西方文化的友谊之路。历史上的一些著名人物，如出使西域的张骞、投笔从戎的班超、永平求法的佛教东渡、西天取经的玄奘，他们的一些故事都与这条路有关。

随着时代发展，丝绸之路成为古代中国与西方所有政治经济文化往来通道的统称。细分起来，有西汉张骞开通西域的官方通道"西北丝绸之路"；有北向蒙古高原，再西行天山北麓进入中亚的"草原丝绸之路"；有西安到成都再到印度的山道崎岖的"西南丝绸之路"；还有从广州、泉州、杭州、扬州等沿海城市出发，从南洋到阿拉伯海，甚至远达非洲东海岸的海上贸易的"海上丝绸之路"等。从运输方式上分为陆上丝绸之路和海上丝绸之路。陆上丝绸之路跨越陇山山脉，穿过河西走廊，通过玉门关和阳关，抵达新疆，沿绿洲和帕米尔高原通过中亚、西亚和北非，最终抵达非洲和欧洲。海上丝绸之路则以中国东南沿海为起点，经东南亚、南亚、非洲，最后到达欧洲。

传统的丝绸之路，起自中国古代都城长安（今西安，也有专家考证认为起自中国古代东汉年间的古都洛阳），经中亚国家阿富汗、伊朗、伊拉克、叙利亚等而达地中海，以罗马为终点，全长6440公里。这条路被认为是连接亚欧大陆的古代东西方文明的交汇之路，数千年来，游牧民族或部落、商人、教徒、外交家、士兵和学术考察者沿着丝绸之路进行着东方与西方之间经济、政治、文化的交流，丝绸之路也已远远超脱出最初的只是运输中国古代出产的丝绸的概念和意义。

现在讲的丝绸之路或丝绸之路经济带，许多专家认为，实际上就是一个亚欧大陆桥的概念。按照目前国家发改委的思路，新丝绸之路经济带包括西北五省的陕西、甘肃、青海、宁夏、新疆，西南四省市的重庆、四川、云南、广西，东端沿陇海线从阿拉山口出去，经过中亚，到达欧洲。新丝绸之路或丝绸之路经济带的提出，也是应对新的世界格局和形势，调理思维，转变观念，一改过去单一地从海上通往欧洲的既定路线，走从陆路实现中国跟欧亚大陆板块连接的最便捷通道，不仅能够节约一万公里的路程，还规避了长期的海上沿线与个别国家或地区之间积累的一些矛盾和纠结。

丝绸之路经济带早在2006年就有学者提出，由于各种主客观因素，使得这一构想并没有引起高层决策者及相关部门的注意。2013年

9月7日上午，国家主席习近平在哈萨克斯坦纳扎尔巴耶夫大学作重要演讲时以"丝绸之路经济带"为主题，正式提出这一构想建议。习近平说，为了使我们欧亚各国经济联系更加紧密、相互合作更加深入、发展空间更加广阔，我们可以用创新的合作模式，共同建设"丝绸之路经济带"。至此，丝绸之路经济带，作为国家实施全面深化改革和扩大对外开放的一个战略，写入中共十八届三中全会报告之中，要求"推进丝绸之路经济带建设，形成全方位开放新格局"，以期通过丝绸之路，沟通中国跟中亚、南亚、欧洲等国家的联系，同时，以丝绸之路的复兴，带动实现西部的开发与崛起。

（二）丝绸之路经济带的发展基础和优势

《人民日报》（海外版）（2013年09月13日）署名文章写道，距今2100多年前，张骞两次出使西域开辟了一条连接欧亚的陆上"丝绸之路"。同样在距今2000多年前，中国与东南亚开通了海上"丝绸之路"。在新时期，沿着陆上和海上"古丝绸之路"构建经济走廊，将给中国以及沿线国家和地区带来更加紧密的经济联系和更加广阔的发展空间。这两条"丝绸之路"，一个靠陆，一个向海，所经地区在我国周边外交战略中占据重要位置。中亚拥有丰富的能源等自然资源，历来是连接欧亚大陆的战略走廊，是我国向西开放的必由之路。陆上"丝绸之路经济带"东端连着充满活力的亚太地区，中间串着资源丰富的中亚地区，西边通往欧洲发达经济体，沿线国家经济互补性强，互利共赢的合作潜力巨大。东南亚是我国战略意义上的南大门，我国与东盟国家文化相通，血脉相亲，是天然的合作伙伴。"海上丝绸之路"将中国和东南亚国家临海港口城市串起来，通过海上互联互通、港口城市合作机制以及海洋经济合作等途径，最终形成海上"丝绸之路经济带"，不仅造福中国与东盟，而且能够辐射南亚和中东。

有专家撰文指出，新丝绸之路经济带，东边牵着活力四射的亚太经济圈，西边系着发达的欧洲经济圈，丝绸之路经济带总人口30亿人，市场规模和潜力独一无二，被认为是"世界上最长、最具有发展潜力的经济大走廊"，但这条大走廊却在中国西部和中亚地区之间形成了一个"经济凹陷带"。这里虽然地域辽阔，有丰富的自然资源、矿产资源、能源资源、土地资源和宝贵的旅游资源，被称为21世纪的战略能源和资源基地，但该区域交通不够便利，自然环境较差，经济发展水平与两端的经济圈存在巨大落差，整个区域存在"两边高，中间低"的现象。中亚各国希望与中国扩展合作领域，在交通、邮电、纺织、食品、制药、化工、农产品加工、消费品生产、机械制造等行业对其进行投资，并在农业、沙漠治理、太阳能、环境保护等方面进行合作，为这块沃土注入"肥料"和"生机"。

吉林大学东北亚研究与东北振兴创新基地主任、吉林大学东北亚研究院副院长朱显平教授的研究认为，新丝绸之路地区能够为经济带建设提供可靠的资源支持。中国西北五个省区许多资源储量较为丰富、品位较高、质量较好，开采条件和空间组合较为理想，是我国一些重要战略性资源的接替基地。哈萨克斯坦、乌兹别克斯坦和土库曼斯坦有丰富的石油、天然气资源，其他矿产资源储量也相当可观。吉尔吉斯斯坦、塔吉克斯坦多种稀有金属和有色金属储量居世界前列。

新丝绸之路经济带建设具有良好的产业基础。经过几十年的建设，中国西北五个省区初步形成了以能源、冶金、化工为主导的工业格局，有色金属、航空、盐化工、石油化工、机械电子、医药以及建材等工业，涌现出一大批优势明显、特色鲜明的企业。哈萨克斯坦的钢铁工业、有色金属工业、石油天然气化工等工业、重工业基础较好。乌兹别克斯坦的黄金、棉花、石油、天然气产业优势明显。吉尔吉斯斯坦建立起了以农业和有色金属资源开发为主的工业结构。塔吉克斯坦建立起了石油、天然气、电力、化工、建材、机械、食品、纺织等工业部门。

新丝绸之路经济发展带建设具备体系完整的城市条件。在中国西部和中亚的丝绸之路沿线发育了 8 个有相当规模的城市群，它们是关中城市群、黄河上游城市群、河西走廊城市群、北疆城市群、南疆城市群、哈中北部城市群、费尔干纳盆地及周边城市群、伊犁河谷——哈东南城市群。以这些城市群为支点，结合其他特色城市形成了规模可观、结构较为合理的城市体系，从而为新丝绸之路经济发展带奠定了初步的城市体系条件。

朱显平指出，丝绸之路经济带的建设，从经济角度看，有利于促进投资增长，改善生产要素配置效率，推动产业结构优化升级，合作提升技术创新能力，提高过境运输服务国际竞争能力；从社会角度看，有利于减少农村隐性失业，增加劳动力流动性，为城市贫困居民提供更好公共服务，扩大经营机会，尤其是为小企业、妇女创办的企业和落后企业的发展提供机会，消除地理空间壁垒，保证穷人更有效地参与市场经济活动，促进人力资本积累，加强国家间合作，应对不利局面，提升城市化水平和促进城市经济发展等。从"路"的概念，变成"带"的概念，内核的、焦点的问题在于因"带"而形成新的增长极，促进了沿"带"相应国家和地区经济社会的转型发展。经济发展的全球化趋势与本地化认同之间所展示的现实张力，促使我们寻找独具地方特色的产业发展道路以及在越来越广泛的全球联系中实现本地化产业的发展。合作建设新丝绸之路经济发展带，推进区域经济一体化，将为本地区更好地参与经济全球化，同时最大程度地化解全球化的风险，发展民族经济提供机遇。

（三）跟进丝绸之路经济带，放大河南经济能量

习近平主席发出重振丝绸之路经济带的信号后，国内各地政府反应强烈。陕西、甘肃、新疆等丝绸之路沿线省区的党政领导相继表态，要抓住丝绸之路经济带的机遇，并纷纷提出针对这一概念的新定位。陕西省提出，"要把陕西打造为丝绸之路经济带桥头堡和新起点"；新疆提出，"建设桥头堡和当好排头兵"；兰州提出，要做"核心节点城市"；而西安则誓做"中心城市"。"各个地方都很热情，说白了，就是为了从中央拿好处，需要中央在这个规划里往本地多投钱"，"丝绸之路经济带就像'唐僧肉'，大家都想抢，问题是能不能吃到嘴里，怎么吃"有专家如是说。专家认为，现在各个地方存在两个问题：一是过虚，调子提得很高而没有实际内容；二是过于乐观，只想着吃"唐僧肉"，对于难度与挑战估计不足。因为改革开放以来，丝绸之路经济带实际上是中央第三次提出的一个西向发展战略。20世纪80年代，中央曾提出建设从连云港到荷兰阿姆斯特丹的新亚欧大陆桥，20世纪90年代中央还提出"建设大通道，联合走西口"，21世纪初，中央又提出西部大开发战略。在西部大开发的第二个十年里，泛泛的"西部大开发"政策口号已经偃旗息鼓，今天再提丝绸之路经济带，对中央和地方都是一种考量，但不管怎么说，这都是一次机遇，尤其是在国家整体经济形势曲线下行阶段。正如国务院侨办副主任何亚非在最近召开的"新世纪丝绸之路"论坛（福建泉州，2014.2.23）上讲的，"当前欧美、韩日等世界经济走势充满风险和变数，对部分新兴经济体特别是经济严重依赖于资源出口的国家，新一轮危机正在逼近。亚洲经济发展受到很多制约的因素，比如创新能力、生产效率欠缺、现代服务业比重比较低、收入差距悬殊、能源资源供给存在'瓶颈'等，要解决这些问题需要亚洲各国进行国内的改革，更加需要亚洲国家之间相互间的协同和合作，丝绸之路建设便带来了机会"。

就河南来说，笔者还是认为，我们没有必要无休止地去争辩和论证曾经是否就是古丝绸之路的洛阳起点说，仅就河南作为"天之中"，自古以来就是承东启西、连南贯北的交通枢纽之地，以及地理、人口、资源、环境、经济、社会、文化、政治发展状态实情来说，丝绸之路经济带的建设运行，缺了河南应该是遗憾的，河南肯定不会是无所作为的，更何况我们的"郑欧班列"事实上已经营运（2013年7月18

日首开）在丝绸之路经济带上了，而且它的经济效应、品牌效应正在日益显现出来，包括京津冀和上海、江浙等厂商正在转变原有的物流路径，以期走"郑欧班列"来节省物流运输的时间与成本。眼下的工作是应进一步梳理我们在哪些方面是长处，哪些方面是劣势，哪些产业与丝绸之路经济带建设有高度的关联，找到融合点，积极跟进。

就丝绸之路经济带沿线地区而言，我国的西部地区与中亚国家都属于经济水平不发达地区，即经济发展水平低、人口密度低、城市密度低。显然，如何刺激、活跃、提升丝绸之路经济带区域发展，人力资本、技术资本、产业资本、金融资本的投入是关键。河南相比东部地区各方面较弱一些，但是相比西部和中亚五国则还是有较强优势的，尤其是农业资源的开发利用、矿产资源的开发利用，以及具体到食品加工、装备制造等。河南是一个农业大省、人口大省，人往哪里去，钱从哪里来的困惑将是一个长期的不解之局。是否可以由政府出面组织动员一些种田能手、农业公司、食品加工公司带领一批农业劳动者到中亚国家去经营农业、经营食品业？从而既解决了那些国家的民生需求，又能够赚取外汇，增大河南国际经济收益率？笔者认为是个值得探讨的思路，尽管此前已经有了先行者的典范，总结一下，这方面的潜力依然非常之大。同时随着郑欧班列的开通，还应加大与中亚国家之间的贸易合作。根据商务部的数据，2012 年中国与中亚五国双边贸易额为 460 亿美元，同比增长 13.7%，大约是建交之初的 100 倍。中国已成为哈萨克斯坦、土库曼斯坦最大贸易伙伴，乌兹别克斯坦、吉尔吉斯斯坦的第二大贸易伙伴，塔吉克斯坦的第三大贸易伙伴。我们一定要发挥郑欧班列营运优势条件，不断扩大和提高河南在我国与中亚五国双边贸易中的份额与商贸物流收益。

应该指出的是，从西安一直到乌鲁木齐的中国西北地区都属于欠发达地区，甚至存在着多个集中连片贫困地区。河南省既要注意与中亚五国的联系，也要注重与西北五省的合作，既要注意利用河南省农业经济资源开发的传统优势促进和发展西部农业，形成中原经济的"飞地"收益，也要利用河南省煤电铝、煤化工成熟技术和生产工艺，融入到西部丰富的能源、矿产等资源开发与建设，提高西部地区的经济和社会发展水平的双赢之中。新疆、甘肃、宁夏、内蒙古、陕西等本身就是国家重要的能源化工基地，河南省一些农业、煤炭、电力、化工等企业也已先期进入了这些地区并取得了很好的成效，现在更应借助丝绸之路经济带的建设，争取焕发"第二春"。同时，有条件的应积极地"走出去"，特别是那些资源型产业，在面临资源枯竭、产能过剩和转型过程中，应把进军西部、融入新丝绸之路经济带作为一个重大战略转移的契点，寻求与中亚国家和地区的新时期的、新的经济合作。

河南的省情特点除了人口多以外，基本上与丝绸之路经济带国家和地区情况差不多，所以在文化、民俗等方面有着天然的联系。因此，应加强与沿线国家和地区的文化交流，以文会友，文化结盟，把西部和中亚五国、新丝绸之路经济带沿线国家地区的人们请进来，以新的人文对象、空间范围、内容架构，重塑我省"文化搭台，经贸唱戏"的新面孔、新形势，给我们的许多节庆注入新内涵、新内容，让洛阳"牡丹花会"、开封"菊花节"等再现生机。为此，建议河南省委、省政府有计划、有组织地引导河南省文化界人士、产业界人士、学界人士、政界人士与丝绸之路经济带国家和地区之间的各种交流，增进中原地区与中亚地区各阶层各方面人士的联谊，"以点带面，从线到片，逐步形成区域大合作"的新格局，实现习近平主席的"政策沟通、道路连通、贸易畅通、货币流通、民心相通"的"五通"思想，放活河南经济的眼量，放大河南经济的能量。

丝绸之路经济带建设，既要说，更要做。纳入与否不重要，重要的是融入和跟进了。

（2014年3月6日　原载《学者之见》2014年第6期）

后　记

　　这本《河南经济发展研究》(2013~2014)，是继 2012 年底我把此前相关文稿选择整理出版的《河南经济发展的理论探识》之后又一部著作。也许是得到了党政部门和学术界同志们的一定赏识，大家希望我、鼓励我把近年来关于河南经济发展的一些研究文稿汇集出版，所以这本书目下面我加了一个括号，意为这是 2013~2014 年的。原来的题目还想承续《河南经济发展的理论探识》，出版社的老师们认为"探识"过于低调，还是用"研究"好，"研究"也是一个中性词，并不全都意味着张扬，同时也比较符合文稿实际内容，我虽然有些诚恐，还是欣然接受了他们的意见。

　　2014 年 11 月 12 日，校人事处劳资科的小禹同志给我的手机连发了三条信息，让我在 11 月 18 日之前交一张一寸彩色照片，用来办理退休证。我愣住了，回过神儿来，六十进一了，到退休的年龄了，自己怎么就没感觉到？我慢慢地起身走到办公楼九层的平台，突然感觉有点失魂落魄，我贪婪地望着运动场、教学楼、还在建设中的图书馆、自己来来往往走过的蜿蜒小路……新校区不仅新而且美，更呈现出、孕育着一派生机与希望，真是令人恋恋不舍。我转身面朝着西北方向极目远眺，老校区的育园、林荫、共青湖、广场连廊，虽然相隔 25 公里之遥，却似乎也就在眼前……人可能都是这样，容易触景生情，我不断地把历史的舢板划向昨天，一幕幕、一场场、一个个，那些莅临高层论坛演讲和引领学术兴校的、令人尊敬的大家、权威们，那些可爱的在读的莘莘学子们，那些随着"双百工程"陆续进入教师行列的年轻博士们，那些整日都忙忙碌碌的领导们、同事们，是他们的辛劳拼搏成就了学校今天的伟业与荣耀。屈指算来，我1987年来到这里，至今已有28年了。我是幸运的，是河南财经学院，继而是河南财经政法大学使我和大家结了缘，生了情，师生情、同事情、兄弟姐妹情，有缘千里来相会，这种缘分、这种情谊，是无价的、是永远的、是什么时候都割舍不下的，是一种不了情。也是这种缘的激励、情的爱抚，牵着我的手，在"缘林"爱河中度过了我人生的一半时光，我的眼睛模糊了，泪儿潸然流下。

我热爱我的祖国，热爱生我、养我的家乡河南，更眷恋我长期供职的河南财经学院、河南财经政法大学，在这里，我从一个一般教师成长为一名二级教授，从一个基层院系人转变为一个双肩挑的机关人，从一个普通老师跃升为一个省委、省政府命名的优秀专家。就在校人事处劳资科通知我办理退休证的同时，省委办公厅的同志通知我，让我次日参会颁领"河南省委决策信息专家团成员证书"，我考虑再三还是去领了证。因为我坚定了一个信念，退休并非就应该是工作的终止，我还要继续我的学业探索，继续与决策者、与学界的学习交流。而这本书的出版，也算是我的人生转折中的一个小小纪念吧。

回望过去，我先后在校《经济经纬》编辑部、科研处、研究生处任职，作为部门主要负责人，我从始至终和大家交流最多的是两句话，一句是"大家相处在一起是一种缘分，我们一定要倍加珍惜"，另一句话是"别的什么都好说，但必须工作第一，工作立身"，我和我的同事们也是这样相遇、相知、相处，共心、共事、共勉的。有人经常和我说，你这个人人缘好，我回答说，不是人缘好，是兄弟姐妹们抬举我，我不能不识抬举。的确，是学校这个集体、是各位领导和大家给予我这么一个平台、环境、条件，是各位领导和大家给予我这么一种关爱、支持、帮助，我才有了今天，我很满足，也很知足。尽管从组织程序、岗位身份上我要和大家区别开来，但在工作上、在共同目标的追求上，我还愿意与大家一道、一如既往地努力，也真诚希望领导和大家还像过去那样继续扶助我往前走。

这本书如前面自序所讲，汇集了我近年来关于河南经济发展研究的 29 篇文稿，主要是围绕河南省委、省政府的战略思维规划与中心工作任务所进行的相关理论研究，也包括对国家宏观层面的某些看法、学界不同观点之间的商榷等。在研究写作过程中，为了能够引起高层决策者和相应部门人士的注意，也算是一种尝试吧。我除了坚持自己一贯的定位——应用经济理论研究外，还尽量地使用了一些官方语言、甚至媒体用语，以期拉近与官方的距离，希望使自己的思想表达对于决策者和决策部门能够有一定价值参考。

需要指出的是，同样是突出应用性，但毕竟是一种理论研究，所以我每篇文稿的篇幅相对就显得冗长了一点，这大概是从事理论研究的人与从事具体业务职能的人、学界语言与官方语言、学者表达与官员表达（也包括党政部门的研究机构的研究人员在内）的一个区别。在我国，学者追求的是把一件事情表达完整、说圆，官员追求的是这件事情发生了，怎么样把它摆平，通常说的所谓理论研究与实际需求不对接，恐怕就是这样吧。

最后，我还要向出版社的老师们，向经济学界的前辈和同时代的学者们，向一直关爱、鼓励、指导我的各级各位领导和同事们，向曾经与我一起合作过的团队的男男女女、老老少少们，向我的家人们，真诚地敬一个礼，我会永远铭记你们，我会永远感激你们，我会永远以你们为动力，度过余生。

郭　军

2014 年 11 月 16 日于郑州新区龙子湖大学城毓苑